It's me, Ako!

NYで劇団を設立した 元タカラジェンヌの話

Ako

幻冬舎MC

It's me, Ako!

NYで劇団を設立した元タカラジェンヌの話

Ａｋｏです

この随筆は、二〇二一～二〇二二年にニューヨークの日系紙「ニューヨーク・ジャピオン」に掲載された文章を基に書き足しました。結婚前の本名は種谷（たねや）アツ子、日本で子役から宝塚（宝塚での芸名は夏海陽子　なつみようこ）を経てテレビや舞台で活躍した後、ニューヨークへ渡り、Ａｋｏとして女優のキャリアを再構築。舞台、テレビ、映画で活躍、オフ・ブロードウェイの演劇賞ルシル・ローテル主演女優賞にアジア人で初めてノミネートされた事など。そして思い切って米国非営利の劇団Amaterasu Zaを立ち上げたこと、『SHOGUN 将軍』で大蓉院／伊代の方の役にオーディションで選ばれたこと等をいろいろと綴っています。よろしければお付き合い下さい。

目次

1章

舞台に憧れて

私もあそこで踊る！

私は母の実家、福井県武生市で生まれた。一つ違いの弟と育ったのは東京の恵比寿。第二次世界大戦が終わって数年した頃、大空襲で焼け野が原になった東京は未だ廃墟があちらこちらに残っていて、遊び場には事欠かなかった。

小さい頃から身体が弱く、気管支炎を度々起こし、その頃は希少だった抗生物質を父がツテを通して手に入れなかったら、私は生き延びられなかったそうだ。愛育幼稚園から東京女学館、そして宝塚音楽学校と恵まれた学校生活を過ごした。

両親も祖母も映画や歌舞伎や宝塚やバレエが好きで、私をいろいろな劇場に連れていった。母は結婚前、女学校の教師で、福井県の鯖江師範学校の寄宿舎にいた頃、親戚の家なら遠出が許されたので、休みの度に京都にある親戚の禅寺に泊まり、兵庫県宝塚市まで大好きな宝塚を観に通ったそうだ。

クラシック音楽好きの父がレコードをかけると私はその音に合わせて身体を動かしていたそうだ。両親と一緒にボリショイ・バレエを観に行った時は「私もあそこで踊

愛育幼稚園でダンスを披露

『白鳥の湖』の第二幕のオデット

る！」と舞台に上っていきそうになる私を止めるのに手古摺ったそうである。

愛育幼稚園時代に新橋にあったバレエ教室でレッスンをはじめ、そこの先生の勧めで小学校に入学すると同時に吉祥寺にあった橘バレエ学校に入学。週三日間、麻布にあった東京女学館小学校から吉祥寺まで、ほとんど一人で通った。橘秋子先生は既にご高齢でいらしてヴェルベットの長いガウンでの稽古だったが、レッスンは厳しかった。はじめの一時間は主にバーとストレッチ、次の一時間がターンや跳躍や振りの稽古だった。二年目から憧れのトウシューズでの稽古が始まったが、足の指の皮はしょっちゅうむけて血の滲むことも度々。祖母が時々見学に来た時につい甘えて、稽古中に疲れて祖母のところに泣いて駆け寄ると、祖母が怖い顔をして、私を稽古に戻れと突き放した事を覚えている。

そして橘バレエ学校の公演で九歳の時『白鳥の湖』の第二幕のオデットを踊った。王子との出会いの後、悪魔ロットバルトに引き裂かれ、王子と別れるところで本当に悲しくなった事は忘れられない。『白鳥の湖』はよく稽古したので、オデットだけではなく、二羽の白鳥、四羽の小さい白鳥、コールド・バレエの全部の振りを覚えた。いつもチャイコフスキーやベートーヴェンなどクラシカルの音楽で稽古をしたので、それらの曲はほとんど覚えている。今でも口三味線ならぬ、口オーケストラを主人と時々楽しむ。

そして、歌。クラシック音楽の勉強は東京女学館小学校の音楽の木村先生が、小学校低学年から聴音をカリキュラムに入れて下さった。それがどれほど後で役に立ったかは言うまでもない。感謝！　それとラジオから流れる美空ひばりさんの歌が好きで、ラジオに合わせていつも一緒に歌っていた。後で、ひばりさんの公演に何度か出演させていただいた際は、毎日生の歌声を聞き、楽屋で一緒に歌っていた。楽しかったなあ。

国語は大好き、評価はいつも五。先生が「誰かこれを読んで下さい」とおっしゃると一番に手を上げた。ただ、作文は苦手で、作文の宿題が出るとあまりに時間がかかるので、見かねた父が助けてくれたことも（内緒です！）。

体育はもちろん大好きだったが、初めは跳び箱や鉄棒も苦手だった。できない自分が悔しくて、授業の前や放課後に練習して手に豆ができ潰れたりしたが克服できた。逆上がりは大得意になった。ダンス部のキャプテンになり、先生のお手伝いもしていた。

宝塚の先輩で橘バレエ学校、東京女学館、宝塚歌劇団と同じコースを辿られた「美国亜耶」さんがおられる。現在はハワイ在住で、ハワイに行く度にお目にかかって昔話に花を咲かせる。

愛育幼稚園の同級生は皆仲が良くて、お互いの家も近かったのでよく行き来した。七十年近く過ぎた今でも仲良しで、以前ロスに駐在していた方や、ニューヨークに息子さんが住んでいて時々会いにくる方もいる。私が日本へ帰ると必ずみんなで集まってくれて、まるで家族のようである。

本の虫

小さい頃興味を惹かれたのは踊りや歌だけではなく、私は本を読むのが大好きだった。本を買って与えてもあっという間に読んでしまうので、音を上げた両親が、分厚い少年少女世界文学全集を毎月購入してくれたが、それも三、四日で読み終わった。

通信簿に受け持ちの先生から「休み時間は教室で本を読まずに、外へ出てお友達と遊びましょう」と書かれるほど。その頃は大きくなったら好きな本に囲まれて過ごせる本屋さんになりたいと本気で思っていた。女学館の中・高の図書室の先生からは「貴方、ここにある本ほとんど読んだのじゃない？」と言われるくらい、通った。ただ、通学中揺れるバスの中で本を読んでいたため、強度の近・乱視になってしまった。

私は完全な斜め読みである。深く考察する読み方が出来るようになったのは30代過ぎてニューヨークへ来て、英語と日本語で戯曲を読み比べ日本語の美しさに改めて気付いた頃からだったと思う。

小学校高学年になった頃、父が勤めていた貿易会社が破綻。そして何故か同時期に父が保証人となっていた義弟の借金のカタに恵比寿の我が家を失い、借家住まいを転々とし、その後渋谷のアパートに移った。学校の月謝も滞るようになったが、担任の先生は私の態度に何も変化がなかったので、そんな事情があったとは全く気付かなかったそうだ。

その時、私たち姉弟に父母は「お父様はお仕事が無くなり、お金が無くなりました。これからは新しい制服や洋服は買ってあげられませんが、お母様が綺麗に洗濯をして綻びたら継ぎを当てます。何も恥ずかしいことではありませんからね」と正直に打ち明けてくれた。

　そして、両親は二人で方々の会社でオーダーメイドのＹシャツの注文販売を始め、私たちはいわゆる鍵っ子になった。学校から帰ると洗濯物を取り入れ、米を研ぎ、勉強をしながら弟と二人で両親の帰りを待つようになった。

2章
すみれの花園

宝塚は今や世界の宝塚です

小学校高学年になり中学受験準備で吉祥寺まで通う時間がなくなり、家の隣の花柳流の先生につき日本舞踊の稽古を始める。

その頃、日比谷に芸術座という東宝系の劇場があり、『放浪記』『がめつい奴』等、菊田一夫作の良い芝居を沢山観た。宝塚の舞台で何度も観た浜木綿子さんが、宝塚退団後この劇場に度々出演して、達者な素晴らしい芝居を演じていらした。小学校五年生の頃には将来私は浜さんのようにここで芝居ができる女優になりたいと思い、宝塚に入れば大好きなバレエ、日舞、歌や演技が全て学べると思い受験を決意する。

中学に入ると同時に、宝塚の東京の受験場だった東宝芸能学校の週末クラスでバレエ、日舞、声楽、タップを勉強、その他にピアノと声楽の個人レッスンを受け始めた。母は私のレッスン費を捻出するため、一応軌道に乗ったYシャツの注文販売を父に任せ、不動産の仕事を始めた。

その頃に森光子さんの少女時代の役でＴＶデヴュー。

東宝芸能学校の発表会、日舞『お祭り』

当時、東京宝塚劇場での宝塚の公演プログラムに上演脚本が載っていた。家に帰るとしぐさ等ほとんど覚えていて、初めから終わりまで自分一人で演じていた。あの素晴らしい記憶能力は一体どこへ行ってしまったのか…嗚呼。

東京女学館は、小・中・高・短大があり、エスカレーターでは進学できずそれぞれ入試がある。高校入試準備はかなりハードで、学期中間・期末試験ごとに中学三年生の成績が貼り出された。宝塚音楽学校の入試準備と高校受験で、中学生生活は満杯だった。宝塚音楽学校の入試では、バレエの試験の振り指導に「美国亜耶」さんが来ていらして、何と心強かったことか。宝塚音楽学校の入試発表と東京女学館の高校の入学式が同じ日で、私は父と入学式に、母が宝塚の発表を見に行き、帰宅したところに母からの電話があり宝塚音楽学校への合格を知った。もちろん、私は大喜び！　でも両親は即合格するとは思っていなかったらしく、当時、東京女学館小学校の校長だった大多和顯先生に相談に行った。先生曰く「東京女学館は日本ではよく知られた名門校だが、宝塚は今や世界の宝塚だ。まして、芸術芸能は若い時に始める方が伸びる。せっかく合格したのだから行かせなさい」。鶴の一声！

宝塚音楽学校第52期生として入学。同期生に、故麻生薫、故景千舟、国会議員になった松あきら、現在も活躍している瀬戸内美八などがいる。宝塚音楽学校は二年制で、一年生を予科生、二年生を本科生と呼ぶ。宝塚音楽学校を卒業すると同時に宝塚歌劇団に入団し研究科一年生となり、年ごとに研究科二年生、三年生と数字が増していく。

歌劇団の寮に住む予科生に許された柳行李一つに荷物を詰めて送り出し、母と共にやはり東京から入学した他の三人の同期生とお母様たちと宝塚ホテルに到着。歌劇団寮に集合して寮の規定を伺い、これから過ごす部屋を見せていただき、寮長先生にご挨拶をする。「今日からでも寮に住んでも良いですよ」と言われ、私は即座に手をあげた。「入学式の翌日からはすぐに音楽学校のカリキュラムが始まるので、少しでも早く慣れておきたい」と言って、呆れる母をホテルに置いて、その晩から一人で寮暮らしを始めた。この時母は、初めて「ああ、私の手から巣立った」と感じたそうだ。

宝塚音楽学校入学式、母と

すみれの花園に入ったら

寮のお風呂は、一つの大きな風呂場で、下級生は排水口に近い所で身体を洗う。私は身体の発達が遅かったので、後で上級生に、「あんたがお風呂に入ってきた時な、子供が入ってきたと思ったんよ」と言われるほどだった。

他の同期生は皆四人部屋だったが、私は一人の同期生と二人部屋だった。夢に見た宝塚へ入り、好きなレッスンに明け暮れて、他の事は大して苦にはならなかった。授業も簡単な学科はあったが、夢に見た宝塚で好きな歌や踊りを習えて本当に充実した毎日だった。ただ、言葉の問題があった。関西弁と関東弁の違い。今でも覚えているのは、東京では、「あんたバカねえ」は仲間同士の軽口で、友達からそう言われてもどうってことはない。ところがである、関西組がそれで怒った。「『あんたバカねえ』とは何や、人を馬鹿にするのもいい加減にしいや！」。反対に関西組が言う「阿呆やなあ」が東京組には非常に馬鹿にされたと感じて「『阿呆』って何よ！」となる。同期生同士で余計なトラブルは避けたいので私も「あんた阿呆やなあ」と言うようになった。後はお出汁の味、関西の薄味に慣れていない私は、薄味の出汁でのお蕎麦がまずくって食べられなかった。

私の在学中は、音楽学校の学期ごとの試験が終わると、全員荷物を実家へ送り返し、寮を一旦引き上げなければならなかった。理由は、落第になり寮へ戻れない生徒が出るからである。

東京の家での夏休み中に成績表が送られてきて、私は首席になった。

二学期前に寮へ戻ると、部屋は変わっていたが、また何故か同じ同期生と二人部屋だった。

学校の席順は新しい成績順に変更になっている、期末試験後ごとに成績順に並び直すのは、卒業するまでどころか歌劇団に入っても続いた。

首席になるとその学期は同期生全体の責任者になる。上級生からの注意も代表で受けそれを同期生に伝え、規則に反する人には注意をしなければならない。最年少で入学した当時まだ十四歳だった小娘に二十歳近くの同期生が注意を受ける事自体面白いはずがなく、いろいろと苦労した日々だった（笑）。


歌劇団の寮には、壊れかけた古いピアノがあるだけで、ピアノの練習には使えなかった。そのため朝早く起きて寮の朝食ができるのを待たず、音楽学校の近くのパン屋さんでパンと牛乳を買い校門が開くのを待った。いくつかあるピアノの一つを確保してピアノと歌の練習を始める。でも本科生が来られると、すぐ譲らなければならないからそれまでの短い時間に集中して練習した。中には「ええよ、続けて」と言って下さる、優しい本科生もいらした。

私は背が低くて、宝塚音楽学校入学試験の時に試験官の内海重典先生から、「未だこれから背は伸びるね！」と聞かれ「はい、伸びます！」と明言した。牛乳を飲むと背が高くなると聞いて、一生懸命牛乳を飲んだ。ところがお腹の具合が度々悪くなるのだ。今は「乳糖不耐症（Lactose Intolerance）」といって、乳製品を摂る時は薬を前もって飲めば好きなアイスクリームや生クリームも問題ないのだが、原因が私の体質によるもので、当時はそんな言葉がある事さえ知らなかったので、朝のパンと牛乳が原因で体調を崩した事が多々あった。卒業式の集合写真を撮った時に、お腹がグルグル音を立てて、恥ずかしい思いをした事は今でも覚えている。

音楽学校に入ってすぐに母が私に言った事がある。

「あなた、大変なところに入ったのよ。XXXさんのお母さんに『お宅、宝塚の受験にどのくらい使いはりました？　うちとこは付け届けのために山を一つ売りましてん』て言われたのよ！　どうしよう、家には付け届けをする余裕は無いから…」

私の家は両親が共働きで決して裕福ではなく、高校や大学の学費を払う代わりに宝塚へ行かせてもらったので、毎月両親が送ってくれる仕送りでレッスン代や雑費を捻出。毎日音楽学校の稽古が終わると、バレエ、日舞、声楽の個人レッスンに通った。出納帳も付けるようになったし、金銭感覚も身に付いた。自分の着るものに使えるお金はなかったので制服があって本当に助かった。しかし母は誠意だけは伝えたいと、盆暮れには、お世話になっている先生方のご自宅へ菓子折りを持って足を運んでくれた。感謝、感謝！

歌劇団の寮は、家族といえども部外者立ち入り禁止である。

予科二学期目に、首席として学年全部の責任者となったストレスで高熱を出し寮で一人寝こんでしまった私を心配して、母は私を同期生が何人かいる学校近くの食事付きの下宿アパートに移した。寮費よりももちろん高額だが、小さい時から季節の変わり目ごとに熱を出し、抗生物質が無かったら生きてこられなかった私を、母としては寮にこれ以上置けなかったようだ。

ただ、そのアパートの大家さんがケチで有名な方で、夜遅く稽古で帰ると食事は冷え切っているし、お風呂のお湯はぬるくて膝のあたりまでしかない事もあった。でも、同じアパートには大阪の自宅などから通学せずに部屋を借りている同期生が何人かいて、その一人のお母様が電気コンロを部屋に入れ、週に一度くらいは必ず高いステーキ肉を持ってきて、部屋で焼いて娘に食べさせていた。私も何度かステーキのお相伴にあずかったし、家が近くにある他の同期生のお母様に何度も栄養補給をしていただいた。感謝、感謝！

ある夏の放課後、学校の隣にある宝塚ファミリーランドのプールが何とも魅惑的で、泳ぐのが大好きだった私は誰も見ていないだろうと思って大滝先生のバレエの稽古着で泳いだ。ところが、誰かにしっかりと目撃されていたようで、本科生からコッテリと油を絞られた。これは身からでたサビ、叱られてもっともである。でも、クラス全員の鼓笛隊の練習や、西宮球場をはじめとする演奏活動、クラス全員で行った紀伊半島や、九州への修学旅行など、楽しい事も沢山あった。

一年生の予科生の授業科目は　演技、バレエ、日舞、タップ、声楽、ジャズ、ピアノ、琴か三味線の実技と、社会・歴史と英語。

二年目の本科生になると試験は実技だけになる。そして、音楽学校の企画で同期生だけで三十分ほどのショーを作り、方々の老人施設への慰問公演も始まった。

その頃、毎年宝塚音楽学校が挑戦する毎日音楽コンクールがあった。合唱の部では

宝塚音楽学校卒業式、社長賞受賞

私たちのクラスが優勝。独唱の部では、私はモーツァルトのフィガロの結婚のスザンナのアリアを歌って四位入賞。

私は予科時代、学科はほとんど満点だったので、周りから「タネ（私の本名種谷からのニックネーム）は学科ができるから今は一番やけど、本科になったら絶対落ちるわ」と言われていたが、結局、本科になり学科が無くなっても二年間首席を通し、卒業式では総代で社長賞と優等賞を受賞した。

期待したようには行きませんね

従来は首席で入団した生徒（宝塚では何歳になっても生徒と呼ぶ）は、初舞台公演で歌もしくはダンスのソロがある。私はそれも目標の一つとして頑張ってきたのだが、初舞台の月組公演で私はトリオの歌手の一人で、他の同期生が歌のソロをつとめた。私は歴代で例外の首席になった。あーっ、前にもあった、あった。小学校の体育会で全員のラジオ体操の時、小学校六年生のリーダーが一段高いところで見本を見せる。体育は常に五で、ダンス部でもリーダーだった私は当然私がデモンストレーションをすると思っていたが、別の子が選ばれたのだ。その子は学校関係者に親戚がいたため、どうしても何か事情があると思ってしまい、心に引っ掛かりが残っていた。

約五十人の初舞台生はカツラを結い管理をする床山さんが忙しくなる前、開演三十分前くらいに舞妓のカツラをかぶせていただく。カツラがきつくてしばらくすると頭痛がするので、その時はカツラを少しテラして（生え際を後ろにずらすので、額がバカ広く見える）、舞台に出る前にしっかりとかぶり直すのだが、テラした事を忘れたまま舞台に出てしまうことがある。

また、足袋はだしで出るべきなのに、出番の前まで履いている楽屋のスリッパを脱ぐのを忘れて、スリッパを履いたまま舞台に出てしまう。そのままずっと終わりまで履いていれば良いのに、アッと気が付いたところで慌てて脱ぐので場面が変わると花道にスリッパが一足残ってしまい、次の場面の上級生が踊りながらそのスリッパを蹴って袖へ入れて下さる。当事者は終演後に幹部部屋へ呼ばれて、組長からしっかりとご注意を受けるのである。

宝塚歌劇団に入団した一年目は研究科一年生として、様々な組に出演する。私は月組の『日本の四季』と『ファンタジア』で初舞台を踏み、その後一度花組に出演しただけで、一年後の組分けで月組に決まった。初舞台の『ファンタジア』では、雪組の鴨川清作・演出の『シャンゴ』の厳しい振り付けで「鬼のストーン」と呼ばれたパディ・ストーンさんの厳しい稽古を目の当たりにする事ができた。

劇団に入ると、無料でいろいろなレッスンが受けられる。私はできる限りのクラスを受けた。

住居も前出の冷たい食事やぬるいお風呂の下宿は早々に引き上げ、宝塚本駅近くの台所付きのアパートに移り、卒業前に宝塚南口にあった下宿へ引っ越した。水穂葉子さんや大原ますみさん、東京女学館から宝塚へ進んだ七色春香先輩など優しい上級生に囲まれて、遅く帰ってもお手伝いの方が食事も温めて下さり、居心地はすこぶる良かった。

宝塚は客席で見ていると、夢一杯の美しい舞台だが、裏では息つく暇もない早変わりの連続で、実は、舞台で歌ったり踊ったりしている時の方が楽なのだ。

特にショーの場合は前もって次に着る衣装の真ん中に靴を置いておいて、舞台から引っ込んで衣装と靴を脱ぎ次の靴に足を突っ込むと同時に、衣装を着る。衣装のジッパーを衣装さんが上げてくれている間にアクセサリーやカツラを取り替えヘアをピンで固定し、次の早変わりの準備をして即舞台へ走ってゆく。これが一時間半のショーの間ずっと続く。

ある程度の上級生になると舞台の右手と左手にある早変わり室が使えるが、下級生の間は花道の裏側の廊下で早変わりをする。衣装さんの手が足りない時は、お互いに助け合って早変わりをする。ショーが終わると、右手と左手で入れ替わった衣装を自分たちで入れ替え、元のセッティングに戻しておく。

現在の状況は知らないが、当時の東京公演では宝塚から来る衣装さんや楽屋の世話をしてくれるおばちゃんの数が限られていて全く足りなかったので、生徒（私たち）のファンの方々の楽屋と早変わりの手伝いが許された。宝塚での初日が開いてしばらくの間は、慣れていない下級生が靴を履かないで出たり手袋が見つからないまま舞台に出たりは、日常茶飯事。

日本物とショーの二本立ての場合は、日本物のフィナーレが終わると三十分の休憩の間に、階段を駆け上がって二階の衣裳部屋で衣装を脱ぎ、三階の楽屋のあちこちに置いてある蒸し器の中のおしぼりをゲットして、日本物の化粧を落とす。女役は背中まで白粉を塗ることもあるので、落とすだけでも時間がかかる。その後、あの派手な宝塚のショーの化粧をし、人によっては二重の付けまつげを付け、髪をセットして、衣装部屋または早変わり部屋で衣装を着け、ショーが始まる。大きな羽根をランドセルのように背負ったり、大きな輪が中に入っているスカートを穿いたりする時は、大階段の側まで衣装さんが運んで下さったものを身に着けて階段を上り、舞台裏の運動会などなかったように、余裕の笑顔一杯で大階段を下りるのである。

そのために早変わりの手順を頭の中でシミュレーションして準備をする習慣が自然に身に付く。これがその後の人生で非常に役に立った。舞台上に限らず、全ての予定を想定して準備をするいい癖がついた。

月組に入ってすぐにブロードウェイミュージカル『オクラホマ!』のオーディションの発表があり、私は既に日本で発売されていたレコードと楽譜を買って勉強した。オーディションにはブロードウェイでご自分も「少女」の役で出演し、演出・振り付けのアグネス・デ・ミルの助手も務めたゲムジー・デ・ラップさんが演出・振り付けでニューヨークから来られた。

主役のローリーとカーリーは既に決まっていたので、私はアド・アニーの『I cain't say no』をオーディションで歌った。バレエのオーディションもあり、その後再びアド・アニーの歌と台詞を読まされた。その日の夜、デ・ラップさんのオーディションの通

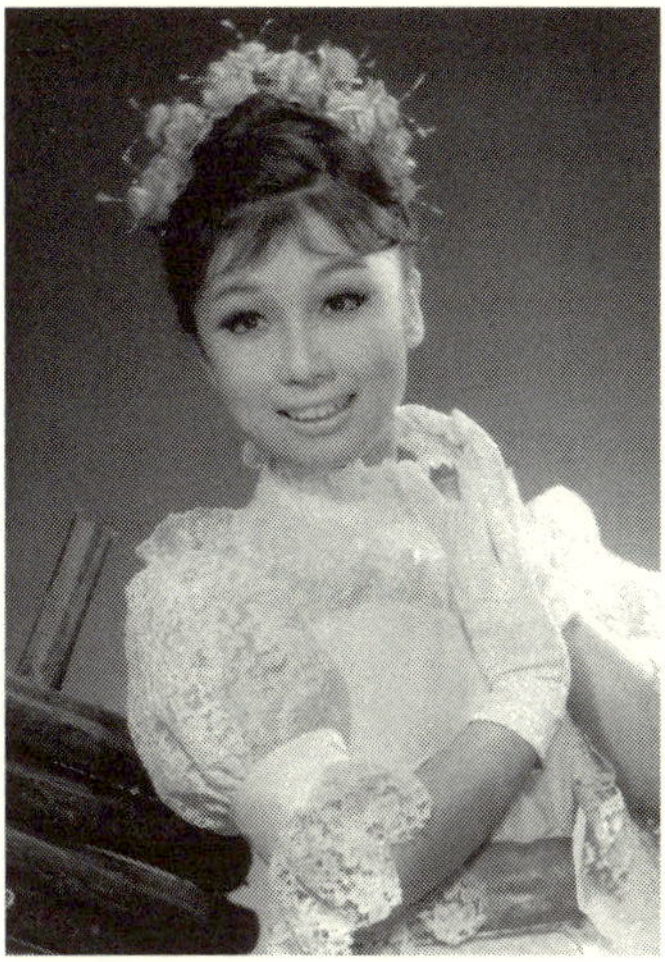

『オクラホマ！』の少女役　© 宝塚歌劇団

ゲムジー・デ・ラップさん

50年後ゲムジー・デ・ラップさんとニューヨークで

訳をしていらしたバレリーナでもある大滝愛子先生から、宝塚ホテルのデ・ラップさんのお部屋に来るように電話があった。

デ・ラップさんは「貴女のアド・アニーのオーディションはとても良かったので、私は貴方をアド・アニーに配役しようと歌劇団に伝えたのだが、歌劇団は月組の娘役スターに演じさせるとの事なので、私がブロードウェイで演じた『少女』の役をあげます」とおっしゃった。その後もデ・ラップさんは稽古場で私を「My little Ado（私の小さなアド）」と呼ばれた。でもお陰様で、私は歌劇団から新人賞をいただき、東京公演を観られた大先輩の葦原邦子さんに『歌劇』という雑誌の公演評で大変に褒められて少し元気が出た。

めげている時間は無いよン

私の好きな匂いに金木犀の花の香りがある。

宝塚時代に夜遅く稽古で疲れ切ってトコトコと下宿に帰る道すがら、ふっと香ってくる金木犀にとても癒やされた。今でも金木犀の香りを嗅ぐと、宝塚で頑張っていた頃の自分を思い出す。


宝塚ブロードウェイミュージカル二作目の『ウェストサイド物語』もやはり月組での公演でブロードウェイからサミー・ベイス氏が演出に来られた。

人種間の争いがテーマで、プエルトリコ移民のシャーク団を演じる人は身体中に赤茶色の砥《と》の粉《こ》を塗った。一年ほど前に『シャンゴ』の公演で身体中を赤茶色に塗った雪組の人たちから、「毛穴に入った砥の粉はお風呂に入っても落ちない。シーツや着る物も赤茶になる」と言われたがその通りだった。

私はジムのダンス場面では白人のジェッツ、屋上のアメリカのシーンからはプエルトリコ人のシャークスを演じた。ジムのシーンが終わると楽屋で砥の粉を全身に塗って屋上のアメリカのシーンに出る。終演後はもちろんお風呂へ直行。二回公演では終演後二回お風呂に入って砥の粉を洗い流す。雪組の方たちから言われたように、どんなにしっかり身体を洗っても、シーツや服に薄い赤茶色が付いた。

宝塚はこの『ウェストサイド物語』で芸術祭賞を受賞し、出演者全員が盾をいただいた。その盾は今もニューヨークで私が立ち上げた日本語と英語のバイリンガルの劇団Amaterasu Zaのスタジオに掲げてある。

その頃の私たち月組は『オクラホマ！』や『ウェストサイド物語』など、組一丸となってチャレンジする作品に関わったためか、音楽学校時代の厳しい上級生・下級生の垣根はほとんど無くなり、同志・戦友と言えるような素敵な絆が生まれた。

月組だけの泊りがけの旅行や、北から南への地方公演も楽しかった。東京公演の終演後に、上級生や下級生と一緒に六本木のディスコで朝まで踊った事も度々あった。また、ある時は、東京の寮で朝まで飲んで喋った。仮眠をしてチョット二日酔いだけど二回公演のため、劇場へ入った。すると、エレベーターに乗った時、悪しくも美山しぐれ組長が同乗、「あんたたち何していたん？　お酒臭いなあ」とあの大きな目玉でギョロっと睨まれたが、でも皆二回公演をつつがなく勤めた。

宝塚に帰り舞台のない時は、劇団で朝から二つ三つのクラスをとり、夕方は劇団以外のダンスクラスを受け、それから地元の同期生の車で神戸に飲みに行ったりした。若かったなァー。

私は宝塚に入る事が最終目標ではなく、良い女優に成るためには宝塚で様々な勉強をするのがいちばんだと思って宝塚の入学試験を受けた。

初舞台で鬼のストーンと言われたパディ・ストーンさんの振り付けを見たり、ブロードウェイミュージカル『オクラホマ！』、二年後の『ウェストサイド物語』との出会いが、私のその後の道筋を付けてくれたように思える。

『オクラホマ！』のデ・ラップさん、『ウェストサイド物語』のサミー・ベイスさん、お二人共もちろん通訳の方を通して演出をされた。このお二人の演出家は、振り付けの時に、動きだけでなくその時の役柄の感情表現を求めていらしたのだと思う。私は宝塚に入るまで英語のリスニングがそんなに得意というほどでもなかったが、通訳の方が訳して下さる前に、演出家が私たちにどう演じてほしいと仰っているのかが何故かわかった。その感じたままを演じると「GOOD!」とよく言われた。この二人の演出家との成功体験が、今思えば私の渡米へのキッカケの一つになったのかも知れない。

春日野八千代先生と南悠子先生が月組に客演された柴田侑宏先生の作・演出の『纏おけさ』という作品では、春日野先生が一人で恋人を偲んで踊る『佐渡おけさ』のソロの影歌をいただいた。

影歌と言うのは舞台上で歌うのではなく、舞台下手の花道の横にあるコーラスボックスで舞台を見ながら歌うことである。

幕開き前に「影歌を歌わせていただく種谷です、よろしくお願いいたします」、終演後に「有り難うございました」と幹部部屋へ毎日挨拶に伺った。子供の頃から舞台を拝見して憧れた大先輩の影歌を勤めさせていただけるだけで、光栄の極みで毎回緊張したが、お陰様で歌唱賞をいただいた。

劇団に入ると三年目に劇団と、そのまま残るかどうかの話し合いをする。歌劇団から「そろそろご結婚を考えたらどうですか」と言われた人がいたとかいないとか(笑)。

その頃からどんどん良い役もつきだし、やり甲斐が出てきた。しかしである。確か四年目のいつだったか、劇団の廊下ですれ違った理事の一人でもある演出の先生から真顔で、「タネ(私のニックネーム)、ゴメンな、わかってんねんけどな、堪忍してや！」と突然言われた。その時私には何のことかはわからなかったけれど、私に来るべき役が何かの事情で他の人に回ってしまったのであろうくらいの想像はできた。

「きっとあの先生は私を一生懸命に推して下さったのに違いない。でも演出家の先生の意見すら通らない何かがあるんだ」と、先生から真摯なそして優しい言葉をかけていただいた事で、今まで必死に頑張って着ていた心の鎧が破れた。胸が痛くなり劇団の廊下を走って外に出た時、自分でも訳のわからない涙がドーッと出た。それからしばらくして、歌唱力が必須とされるある新人公演の主役が他の人に決まり、「アー、この事か！」と変に納得した。

これがキッカケという訳ではないが、どうせ一生懸命やるのなら宝塚という狭い池の中だけでなく、そろそろもう少し広い海に出てみようかナと思い始めたのもこの頃だった。

今思い返してみると、努力が簡単に報われなかった事が却って私の負けず嫌いの血を沸き立たせて、歌、踊り、演技の稽古にますます精進するようになり、芸を磨く事ができたと思う。感謝。


その頃の芸能界はどこも、人間よりも作品優先の傾向があり、宝塚でも声の使い過ぎで声帯にポリープができたり、高いところから飛び降りる振り付けで足を痛めたりはよくある事。「今日は喉の調子が良くないので小さい声で歌わせて下さい」とか「足が痛いので、今日はセーヴして良いですか」などとは言えなかった。ある作品で高いヒールを履き、膝を舞台面について踊る振り付けがあった。その頃は舞台上で防御用のサポーターをつけて踊ることはなく、私は右膝が曲がらなくなりその曲は踊れなくなった。形成外科と鍼灸の先生に治療していただきなんとか痛みは治ったが、後までずっと右膝の故障に悩まされることになった。

花の園もそろそろ……外の世界で腕試し！

いつか夢に見し　麗しのパラダイス
今その夢を思いぬ　ここに来て。
宝塚我が心の故郷
何ゆえ人は　かくは呼べる。
美し園は　数多《あまた》あれど、
何ゆえ人は　汝《なれ》にのみ憧がる。

これは『宝塚我が心の故郷』という宝塚の代表的な歌である。日本語の作詞は白井鐵造先生で原曲はVincent Scotto（ヴィンセント・スコット）の『O Corse, Ile D'amour!（おお、コルシカよ愛の島）』、作詞はGéo Koger、Tino Rossiが歌っている。宝塚の曲の中での私の大好きな歌の一つである。

初舞台から三年も経ち研究科四年生と呼ばれる頃になると、月組の中での位置関係、この先の自分が進んで行くであろう場所など、自分の置かれている位置が見えてくる。

『ハレルヤ』 © 宝塚歌劇団

私は初舞台の頃から「タネはきっと組長になるね」と言われるほど、周りの上級生や同期生には宝塚の外での私は想像もできなかったようだ。前にも少し触れたが、ある演出家の先生の一言で目が覚め、宝塚の外の世界で自分がどのくらい通用するのか、どうせ苦労をするのなら広い世界で自分を試したいとの思いが募り母に話をした。

母は当時月組の美山しぐれ組長に相談し、私は組長から「せめて後一、二年辛抱したらどうや」と説得された。

それから約二年間、『人魚姫』の新人公演での加茂さくらさんの王女の役や、他にもやり甲斐のある役をいただいた。音楽学校を入れて九年間の青春時代、歌劇団では深緑夏代、水島早苗、藤間勘寿朗、朱里みさを、アキコ・カンダ等第一級の先生方のレッスンを受けることができ、沢山の勉強をさせていただき本当に有り難かった。

研究科七年生（歌劇団に入って七年目）になっても結局私の意志は変わらず、やはり退団を決めた。最後の公演になった『さらばマドレーヌ』で、作・演出の柴田侑宏先生が私に芝居のしどころのある素敵な役を書いて下さった。

東京宝塚劇場での千秋楽に宝塚の正装の紋付袴を着て大階段のセンターで、前出の大好きな「いつか夢に見し……」の歌を歌い、月組の上級生、下級生の皆様、満員のお客様の前で「今まで宝塚には本当にお世話になり、感謝で一杯です。明日からは、新しい道を歩んでいきます、本当に今日まで有り難うございました」と笑顔で挨拶した。美山しぐれ組長曰く、「あんたという子は……他の子たちは涙で退団の挨拶をするのに、笑ってさよならをしたのはあんただけや」。

もちろん、今まで青春を共に過ごした上級生・下級生と別れるのは寂しかったし宝塚の外に出るのは怖かったけれど、自分の中ではここでやるべき事はやったという爽やかさと、未知の世界に挑む高揚感で一杯だった。

宝塚で青春時代を過ごすと、守られた環境で過ごすためある意味で世間知らずになる。宝塚を辞める前にその先の生活の準備を何もしていなかったので、退団後いろいろな仕事を始めた。

宝塚で大スターだった訳ではなく、宝塚のファンの方以外には私は全くの無名である。そんな時に多かったのが歌の仕事。赤坂にあったナイトクラブのミカドをはじめ、地方のホテルやナイトクラブでのディナー・ショー、新宿のジャズクラブやジャズのフルバンドの専属歌手もした。

フルバンドの譜面を自分で譜面用のペンで書き移調もした。譜面と衣装を持って日本中をまわり、いわゆる〝営業〟と呼ばれる仕事もした。ＮＨＫの軽音楽コンクールに入賞して審査員の淡谷のり子さんに褒めていただき、『ひるのプレゼント』に出演できた時は嬉しかった。

赤坂にあったナイトクラブのミカドで主演

そのうちに少しずつテレビや舞台の仕事が入り、『天まであがれ』の田中邦衛さんと園佳也子さんのご夫婦が経営するラーメン屋の女の子や、坂上二郎さんの『たぬき先生』シリーズ、『江戸を斬るⅡ』『別れて生きるときも』『ぬかるみの女』などのレギュラーや、『水戸黄門』『江戸を斬るⅠ』『破れ奉行』『破れ傘刀舟悪人狩り』などのゲスト出演、また、大衆演劇以外のクリエイティヴな作品で新しい経験もした。

3章
生涯の師匠との出会い、そしてNYへ

「どうにもならなくなったら帰りの飛行機代は送ってあげるから」――初代藤間紫先生

先々代の中村鴈治郎先生主演の名古屋中日劇場での大西信行作『水戸黄門』に出演した時、先代中村亀鶴さんをはじめとする成駒屋系や市川段四郎さんをはじめとする澤瀉屋系、大和屋の坂東吉彌さん等歌舞伎の役者さんが沢山共演していらした。

そこで生涯の師匠となる初代藤間紫先生と出会ったのである。

私の役は紫先生の演じる宿屋の女将の元で働く〝おもよ〟、紫先生はその他に段四郎さんと悪事を企むお局様の二役を演じていらした。

そのお局様の演技は私が今まで見た事のない、まるで歌舞伎の女方さんが演じているような骨太な演技で、いわゆる女優の演技をはるかに超えていらして、心から圧倒されてしまった。それで公演の千穐楽の前に、紫先生に「先生の下で勉強させて下さい」とお願いし、お許しがあって弟子にしていただいた。

この〝おもよ〟という名前が公演後も私のあだ名になり、他の公演の時も皆様からずっと〝おもよ〟ちゃんと呼ばれるようになった。

初代藤間紫先生

紫先生はお父様が医師でいらして、お姉様は医学の道を継がれたが、紫先生は女ながらに六代目尾上菊五郎さんと藤間勘十郎さんに師事され、お二人の弟さんも歌舞伎界に入られた。お一人は現歌舞伎俳優の中村東蔵さん、もうお一人は舞踊家の故三代目藤間大助先生である。

幼い頃から六代目菊五郎と藤間勘十郎の元で修行をし、第二次世界大戦の時は若手の歌舞伎俳優さんが徴兵されたため、歌舞伎俳優が足らず、地方公演などで男性だけの歌舞伎に助っ人として出演された。骨太の女方のような演技がおできになるのはその故であるようだ。

その『水戸黄門』公演が御縁で、歌舞伎界の先々代中村鴈治郎先生をはじめ、故市川段四郎さん、故先代中村亀鶴さん、故坂東吉彌さんともお近づきになり、この『水戸黄門』中日ホールの公演の後の京都南座公演や鴈治郎先生の次作名鉄ホールでの『らくだの馬さん』にも出演させていただいた。

その頃、先代猿之助（故猿翁）さんが「おもだか会」というファンの方たちへのサービス特別公演で宝塚のパロディーをなさった事があり、段四郎さんと亀鶴さんが学芸大学にあった私の家にみえて、宝塚時代の金髪のカツラや光物のアクセサリー一式をお貸しした事も懐かしい思い出だ。また、亀鶴さんがお声を掛けて下さり、大阪でご一緒に『日本振袖始』を舞った。

先々代中村鴈治郎先生には本当に可愛がっていただいた。芸者の赤襟の立て方を自ら教えて下さり、毎回鴈治郎先生の出の前には、楽屋から舞台までお手を取ってご一緒した、それは後に他の歌舞伎の楽屋にお伺いした時も続き、「一緒に来なはれ」と花道の揚幕まで、お供した事もある。

故坂東吉彌さんにも本当にお世話になり、高橋英樹さんの御園座公演で『利根の夕月』いう芝居で相手役に指名して下さった。弟さんの坂東彌十郎さんともその頃からお友達になり、今も日本へ帰ると舞台を拝見しに行く。

その後私は、西麻布の藤間宗家でお稽古を続け、藤間事務所で俳優業のマネージメントもお願いする事になった。

紫先生は女性の内弟子は取られず、当時先生の下には三、四人の若い男性の内弟子さんがいた。私は、TVや舞台の仕事をしながら、紫先生のお嬢さんの高子先生（現二代目藤間勘祖）の歌舞伎の振り付けのお手伝いをしたりした。紫先生の自主公演『髑髏尼』や紫先生の息子さんの藤間文彦さん主催の『ひのきの会』、藤間流宗家舞踊会にも出演、本当に沢山学ばせていただいた。

紫先生からその頃、藤間宗家の師範名執の試験を受けるように勧められて、初代藤間勘祖先生と紫先生の前で課題曲を踊り、「藤間公紫（こうし）」という師範名執名を授けられた。

毎日舞台の上で、また、普段に紫先生が周りの方々に接する姿を常に拝見していた。先生がふっと漏らされる物事への感想や、お話から学ぶことが多々あった。特に忘れられないのは、舞台上での息の使い方である。それが私の俳優の引き出しに沢山詰まっている。今でもありありと目に浮かぶ。

舞台やテレビでそこそこの役を演じ、日舞や鼓、三味線の稽古にも励み充実した日々ではあったのだが、女優としての将来の事を考えた時、今一つ自分の俳優としての力量に納得がいかなかった。外国の映画で見る自然な演技ができるようになりたくて模索している時に、私の好きなダスティン・ホフマンやジーン・ハックマンがリー・ストラスバーグという先生の下で演技の勉強をしたとわかり、日本語に訳されていたスタニスラフスキーの『俳優修行』やイースティーの『メソッド演技』を読んだ。そして思い切ってスタニスラフスキーの演技術をニューヨークのストラスバーグの学校で勉強をしようと思い立った。

ちょうど三十歳を越えた時で、新しい事を始めるには今を逃しては年齢的にも遅くなるし、一生後悔すると思った。

宗家藤間流師範名執式で、紫先生と

NY から帰国した時、紫先生と稽古場で

アメリカで演技の勉強をしたいとご相談した時、他の方々からは何で今更?と言われたが、紫先生だけは「貴方はアメリカの方が合っているかも知れないネ、どうにもなくなったら帰りの飛行機代は送ってあげるから、思い切って行ってごらん」と背中を押して下さった。今も日本へ帰ると必ずお墓参りをして、ご報告をしている。

ちょうどその頃お付き合いをしていた方が、アメリカの大学を卒業していたので、リー・ストラスバーグ・シアター・アンド・フィルム・インスティチュート（以下、ストラスバーグ・インスティチュート）の資料などの取り寄せを手伝ってもらい準備を進めた。

4章

NYでの俳優生活

はーるばる来たぜニューヨーク！
求めよ、さらば与えられん！

一九八一年一月十五日のＪＦＫ（ジョン・Ｆ・ケネディ国際空港）は雪だった。大きなトランクを引きずりタクシー乗り場で、降り続ける雪で何日も洗車していないであろう汚れで、灰色に覆われた黄色っぽいタクシー（いわゆるイエロー・キャブ）に乗り込んだ。

ニューヨークはその数ヶ月前にも一週間ほど学校の手続きや、住む場所を決めるために訪れていた。その時は生まれて初めての外国旅行で感じる興奮と明るい秋の日差しで、街がキラキラと輝いているように感じたが、これから最低二年間は通うことになる演劇学校生活への期待と、今まで日本で自分なりに築いた生活を休止して新しい一歩を踏み出す高揚と怖さとが入り混じっている私に、雪で色彩を消したかのようなニューヨークは「さあ、覚悟はできてる?」と改めて問いかけてくるようだった。

前回ストラスバーグ・インスティチュートへ面接に行った時、私の英語力では演技のクラスにはついていかれないので、まず英語の学校へ行くように勧められ、アッパー・ウェストサイドのコロンビア大学のＥＳＬ（English as a Second Language）へ通う手続きをした。その時一緒に予約しておいた、コロンビア大学に通うのに近いブロードウェイ95丁目のホテル・アパートに着く。何とも得体の知れない匂い（後で分かったが、ベーコンを料理した匂い）が充満している薄暗い廊下を通り、部屋に入る。窓からは日本とは全く違う、近くのビルの屋根や暖房の煙が立ち上る煙突が見え、私に外国にいることを教えてくれた。

次の朝は良い天気だった。まず感じたことは「あー、私は自由なんだー!」。そして、窓を開けて冷たい空気を胸一杯に吸い込んだ。

どうしてこんな事を四十年も経った今でも覚えているのだろう。私の五感が、いや細胞の一つ一つがプチプチと音を立てて新しい情報を取り込もうと全開していたのだと思う。別に日本で自由でなかったわけではないし、それまでも自分自身で生き方を決めてきたのだが、何だかんだと引き摺っていたもろもろを取り敢えず断ち切ってきた解放感だったかもしれない。


ニューヨークに到着して半年は、コロンビア大学のESLで英語の勉強をしながら、ストラスバーグのメソッド演技の先生の個人レッスンをとった。そこで演技のクラスで使われる用語で勉強し、秋にストラスバーグ・インスティチュートに入学が許された。

このストラスバーグの有名なメソッドと呼ばれる演技術について少々お話しする。

日本にいる時から前出したエドワード・イースティ著の『メソッド演技』、コンスタンティン・スタニスラフスキーの『俳優修行』などを読んだので、頭の中ではおおよその見当はついていたが、クラス・ルームに足を踏み入れた瞬間、「何これ！！！ここは動物園か！！！」。

ご存知の方も多いと思うが、リー・ストラスバーグは、ロシアから米国へ亡命したスタニスラフスキーのメソッドを勉強したリチャード・ボレスラフスキーとマリア・オスペンスカヤの教えを受け、その後、ステラ・アドラー、エリア・カザン、ハロルド・クラーマンなどとグループ・シアターを設立。その後、アクターズ・スタジオの芸術監督に就任し、多くの俳優を育てた。ストラスバーグ自身も俳優として映画に出演している。

このストラスバーグ・インスティチュートは俳優として修行中の生徒を中心に教えている。ここでは新入生も三年間、四年間とその先生のクラスをとっている生徒も一緒に勉強する。既にクラスをとっていた生徒たちが、先生が来る前にかの有名な「リラクゼイション」を始めていたのである。生徒は椅子に楽に座り目を軽く閉じ、声を出しながら身体中の力を抜く。抱えている問題や感情を、声に乗せて放出するのだ。それで「リラクゼイション」を始めて二十分ほどは、怒っている人、泣いている人、大笑いしている人などで、クラスは動物園のようである。

日本人は、喜怒哀楽を表に出すことは好ましくないと言われて育つのが一般的で、私も例外ではなく、この「リラクゼイション」の方法に慣れるまで少し時間がかかった。「リラクゼイション」は、身体の筋肉だけでなく心も解放する。日常私たちは好むと好まざるとに拘わらず、心が傷つくのを防ぐために目に見えない鎧を着ている。その鎧を着ている事に自分が気付いていないと、演技で赤裸々な、また繊細な役を演じる時、心の鎧をその時だけ外す事はできない。その取り外す方法が習得できているといないとでは、演じる時に大きな差ができる。ただ、訓練を受けた先生の下で行わないと、精神のバランスを崩す可能性もあり、先生が生徒の心の鎧を取り除こうとプッシュしすぎて危険に陥ったこともあるようだ。

入校一年目は演劇二クラスの先生は学校側から割り当てられたが、他の生徒たちの話を参考に二年目にエレイン・エイケン先生のクラスに移してもらった。もう、目からウロコの体験ばかり。「演技をする」ということより、いかに「演技をしない」かが重要なのである。どこでもどんな環境でも、衣装やメークは異なっても心は自分自身でいるということだ。

当時エレインは女優としても現役で活躍していて仕事で時々抜ける事があったため、代理の先生が教えた事もあった。先生の中には演技教師としては経験が長くても、俳優としてはあまり大きな役も与えられず、現場の数を踏んでいない先生は、「方法論・理論」を重視する傾向があり、現場での要求に即座に対応できる方法は教えられない。

その点エレインは、もっと現場に即した有意義な方法を教えてくれた。撮影の現場ではドライ・リハーサル（主にカメラや照明の設定を決めるためのリハーサル）後にトレイラー（自分の控室やヘアー・メイクの大きなトレイラー）に戻り、準備をして衣装を着けて撮影現場へ戻る。また舞台の場合は衣装替えの後、すぐに異なる環境での登場などがあり、時間をかけての「リラクゼイション」はできない。撮影現場でこのリラクゼイションやいわゆる「メソッド」にこだわり過ぎると、この役者は使い難いとのレッテルを貼られてしまうのだ。

有名な話で『マラソン マン』という映画で、ある米国俳優がマラソンをして走り込むシーンを本番前に本当に長い時間走って臨んだ時、有名な英国俳優のローレンス・オリヴィエが、「どうして、『長い間走ってきた』という、演技ができないんだ？」と言ったそうである。

初めの一年間は英語が頭の上を行ったり来たりで、生徒や先生の日常会話、いわゆるスラングでのやりとりなどほとんどわからなかった。でも、シーン・ワーク（あるシーンを相手役の人と練習してクラスで発表する）のため、英語の台詞を暗記して、相手役の人と稽古をして発表するのが日課になり、お陰様でそれで英語が格段に上達した。生活のために働いていたピアノ・バー（日本のクラブのようなもの）以外では日本人とは努めて話をしないようにした。あの頃意思の疎通も覚束ない外国人の私を嫌がりもせず、一緒にシーンの稽古をしてくれた相手役の人たちには本当に感謝しかない。

そしてエレインのクラスでは、ある組み合わせのシーン・ワークが終わると、先生はまず、「どうしてこのシーンを選んだのか」「何を伝えたかったのか」等を出演者たちに報告させる。そしてクラスに「どう思う?」と聞く。クラスはそれぞれの意見を言う、「私にはそうは見えなかった」とか、「あそこのリアクションが自然で良かった」とか、生徒がそれぞれの感想を伝え合うと、そこで初めてエレインがいろいろと意見を言い、次の段階へ進むヒントをくれるのである。

私もエレインから厳しい助言を受けたことがある。

テネシー・ウィリアムズの『イグアナの夜』のシーンで、私はハンナという画家の役を演じた。父親とのやり取りの後に一人で庭に出てくるシーンで舞台の前面まで歩いて、持っている画用紙に見ている景色を描こうとした時、エレインは「ストップ！ネクスト！」と次のシーンの人たちに用意に掛からせた。そして私に「どうして、貴女にシーンを続行させなかったかわかる？」と質問。私は考えて「何がここに出てくる前に起こったかが伝わらなかったからでしょうか？」と答えると、エレインは「それもあるけど、ハンナはここでどんな景色を見ているの？　貴女は目の前に詳細な景色が見えている？」と言った。私には、漠然とした南国の夜の景色のイメージがあっただけである。「貴女の役は、画家でしょ？　画家は描こうとする景色全体だけでなく、木々の生え方、葉のつき方、色、匂い、そこに聞こえてくる音、鳥の声、人々の声、などには特に敏感なはず、それを貴女自身が見て、聞いて、嗅いでいないと、観客には伝わらない、貴方の見ている景色は観客と共有できない」。その通りである。

一週間相手役と稽古をしてきて、相手役が舞台に出る前にストップさせられて、申し訳なかったけれど、あのエレインの指導は一生忘れる事はないだろう。藤間紫先生とエレインとの出会いがなければ私は今、女優として生きてはいない。

シェイクスピアって面白い

ちょうどその頃、英国のロイヤル・シェイクスピア・カンパニーがブロードウェイで公演し、デレク・ジャコビ主演の『から騒ぎ』を観た。日本でも俳優座や劇団雲のシェイクスピア作品は観たのだが、この初めて英語で観た本物のシェイクスピアの、リズムと言葉の魔力に魅了された。

続けてデレク・ジャコビが演じた『ブレイキング・ザ・コード』では彼の長い一人台詞のシーンを観て、米国の俳優とは違う彼のテクニックやエロキューション(喋り方)が、客席を包み込むのを体験した。彼が英国で有名なシェイクスピア俳優である事を知り、こういう英語で芝居ができるようになりたいと思い、いろいろ調べて、人に聞きまくり（インターネットで簡単に検索できる今とは違うのだよン）、リバーサイド・チャーチでシェイクスピアを教えていた、ジョン・ベイジル氏の門を叩いた。

彼はファースト・フォリオという、シェイクスピアが亡くなってから劇団の俳優たちがシェイクスピアの台本を集めて作った初めてのシェイクスピア全集を使って教える先生である。今世の中に一般に出回っているのは、後で、学者たちが自分独自の解釈で読者にわかりやすいように、言葉や句読点を変更したものだ。現在の俳優たちは両方を参考にしながら、演出家と言葉や解釈を選択する。

一九八〇年代前半は未だファースト・フォリオの作品ごとの本が出版されていなくて、大きな重いシェイクスピアのファースト・フォリオ全集をバック・パックに入れてエンヤコラと持ち歩いていた。他のクラスの人たちのシーンをそのファースト・フォリオ全集を読みながら観て、自分の発表するシーンが決まると、シェイクスピア全集から手書きでシーンを書き写して勉強した。シェイクスピアの韻文のアイアンビック・

パンタメター（一行の中に五つの弱と五つの強のアクセントが交互にある、韻文の基本型）をそのまま使うか、十韻以上ある行はどう読むか、ミッド・ライン・エンディング（一行の真ん中にピリオドがある）の時はその次をどう読むかなど、ヒントがそここに書かれていて、まるでどう演じたら良いのかを詳細に記した地図を見るようなのである。

シェイクスピアの時代は出演者は台本を渡されず、代わりに自分の台詞とその前の相手役の台詞の終わりの言葉が書いてある小さな巻紙を舞台上に持って出て演じたそうである。それで英語では役柄の事をロール（ROLE）という。いつ相手の台詞が記されている言葉で終わるのかを一生懸命聞かなければならないので、また前もってこう言おう、ああ言おうという準備ができず、反応が自然になる。

私の場合はまず意味を辞書で探すところから始め、発音記号を書き写し、色鉛筆で発音を色分けするなど、私版台本は書き込みで一杯になる。そして英語が完璧？に入った時点で、自分の身体・感情を通しての役の構築に取り掛かる。私がシェイクスピアを一生懸命に勉強したもう一つの理由は、シェイクスピアの戯曲は、カットはあっても言葉の変更はないので、一度覚えてしまえばその後ずっと使えるからだ。

シェイクスピアでは、米語と英語の違いの音の粒の立て方など、役に立つ訓練を受けることができた。日本語訳をしている方は英語自体の持つリズムや、その韻の踏み方や、前出のミッド・ライン・エンディングなどを日本語に訳すのは本当に大変なお仕事と思う。

私が後に立ち上げた劇団Amaterasu Zaでのシェイクスピアの日本語のテキストは、英語原本に近い河合祥一郎さんの訳を使わせていただいている。

昨年カーラ・デラ・ガッタさんに取材された私とシェイクスピアに関してのインタヴューが、先日、英国オックスフォード・ユニバーシティから出版された『Shakespeare and Race』（シェイクスピアと人種）に掲載された。有名な俳優のラウール・エスパルサさん、チャックディ・イウジさんや演出家のビル・ラウチさん等のインタビューと共に載せていただき光栄である。

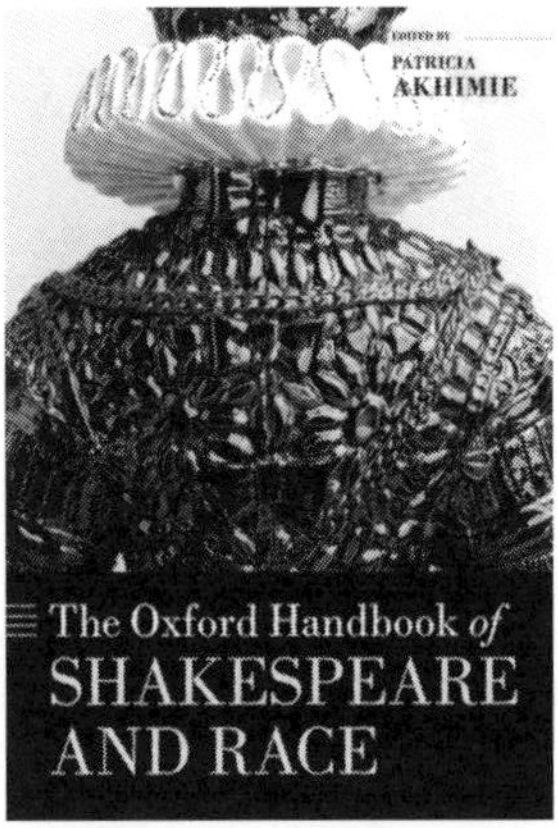

Shakespeare and Race

米国で俳優として働くには

ニューヨークの初めの住居は、コロンビア大学の掲示板で見つけた86丁目のブロードウェイにある、戦後日本にいた事のあるユダヤ人弁護士ご夫婦の広いアパートの一部屋を間借りする事ができた。キッチンも使わせて下さり、話し相手にもなっていただき有り難かった。実はその頃、主人のジョシュも87丁目のブロードウェイに友人とアパートをシェアしていて、コインランドリーやコーヒーショップやスーパー・マーケットなども同じ所を利用していたのに、その時は出合わなかったのである。事実は小説より奇なり、全く不思議である。

日本で貯めたお金も底をつき始め、大体の生活のルーティーンが決まってきたので、ミッドタウンのあるピアノ・バーで歌を歌ったり、接客のアルバイトを始めた。夜七時半から大体深夜零時頃までなので、学校に行きながら続けられた。

二年経った頃、そのピアノ・バーから、続けて働くのならグリーンカード（永住権）を申請して下さるとの有り難いお話をいただいた。グリーンカードを取得するまではあくまでも外国人扱いで、プロデューサーはグリーンカードの無い人を雇うことは違法になるので、グリーンカードの無い俳優はオーディションが受けられないのだ。雇用されるとグリーンカード保持者は税金を支払う義務ができるが、選挙権は無い。

永住権の許可を待っている間は、エレイン先生がリー・ストラスバーグ・インスティテュートから独立して立ち上げたアクターズ・コンサヴァトリに移って続けて勉強。

四年目にグリーンカードが下りて、初めて受けた芝居のオーディションでニューヨーク州都オールバニー市にあるＥＳＩＰＡ（Empire State Institute of Performing Arts）の

'Class "C" Trial of Yokohama' のナースFujinoの役に合格した。初めてのこのオーディションの時点では未だ劇場の俳優組合AEA（Actors' Equity Association）には入れていなかったので、俳優組合で行われていたオーディション会場の係の人に写真と履歴書をキャスティングの方に渡して下さるようにお願いして家に帰った。すると、その夜キャスティングから、明日のオーディションに来るようにとの電話があり、その後コールバック（最終オーディション）に呼ばれ、配役が決まりノン・ユニオン（非俳優組合員）として仕事を始めたのである。

それからお陰様で少しずつ仕事が増え、ベル・アトランティックのコマーシャルの主役に受かり、映像の俳優組合SAG（Screen Actors Guild）に所属。それがきっかけで次のオフ・ブロードウェイの『SHOGUN MACBETH』で、劇場の俳優組合AEAにも所属できた。

このユニオン加入は難しく、契約の規定に準じてノン・ユニオンの俳優を雇える場合は、プロデューサーはなるべく組合に所属していない俳優を雇い、経費を抑えようとする。しかし、ある程度以上の作品になるとユニオンの俳優のみの雇用になるので、オーディションに受かり起用されるとユニオンへの参加が義務付けられる。それで私はこのコマーシャルの仕事でSAGに、今から三十年以上前でも二千ドル（約二十万円）ほどの入会金を支払った。

SAG（映像）のユニオンに所属すると、次のAEA（舞台）での仕事が終わった時点で、AEAユニオンへ割引の入会費で所属できる。ユニオンに入ると一年間に十三週以上の仕事をすると、年間の仕事量をこなしている間だけ健康保険に入れるし、仕事量によって年金も受け取ることができる。

俳優協会に所属していない俳優たちは、まず、俳優協会のオープンコールというオーディションに、朝早くから並び、俳優協会所属の俳優が何らかの理由で来なかった時にその枠に入ってオーディションを受ける事ができる。そして、運良く受かれば、ノン・ユニオンとして働いた週ごとにポイントが増え、それがある程度貯まると初めて俳優協会に所属できる。

そして大事なのがエージェント。日本はマネージャーが仕事をとってくるが、アメリカではよほどの実力者か有名人でない限り、配役は全てオーディションで決まる。私もオーディションで何人もの有名な俳優たちに会うことが多々ある。

エージェントはそのオーディションの通知をキャスティングから受け取り、自分の手持ちの役者を推薦し、オーディションの予約をとるのである。

アメリカで育った有名大学の演劇科やジュリアードなどの専門学校の卒業生は、エージェントがその卒業公演を見に行き、将来性のある若い俳優を自分の事務所に所属させ、オーディションに送り出す。

私はアジア人専門のマネージャー（俳優エージェントと共同で俳優を推薦する）と、それからいくつかのエージェント事務所を経て、二十五年ほど前から今のWolf Talent Groupに所属している。

エージェントは基本的に俳優協会に所属していない俳優はとらない。オーディションは優秀だから受かるのではなく、演技力の優劣より周りの俳優とのバランスや、演出家のイメージしている役柄にどのくらい近いかだったりする。

コロナ禍でキャスティングのオフィスや劇場俳優組合のAEAでのイン・パーソン（対面）のオーディションはできず、全てがZoom（インターネットの会議用のアプリ）かセルフ・テープ（自撮り）になった。俳優は送られてきたオーディションの台本を自分で判断して撮影し、自分のVIMEOやYouTubeなどの一般に公開しないサイトにアップロードし、エージェント或いはキャスティングにリンクを送るのである。キャスティング・エージェント側は、キャスティングの会場を借りる必要もシーンの相手役を読む俳優を雇う必要もなく、アップロードされたvideoを観て判断すれば良いが、俳優側からすれば、撮影用のバック・ドロップ（無地の背景用の布）やリング・ライト照明器具、カメラ（iPhone）を設置するトライ・ポッドなど、結構な出費である。

相手役の読み手は自分で調達しなければならない、自分で相手の台詞を録音して録画するか、友人にZoomで読んでもらう。私はほとんど主人に相手役の読みを頼んでいる。お陰で主人がオーディションに慣れてきて、助言をくれる。コロナが収まっている今でも、ほとんどがセルフ・テープのオーディションになっている。対面の場合は、キャスティングや制作者からの意見を聞いて変更できるが、セルフ・テープはあくまでも自分の判断・解釈で撮るので、全く的外れになる可能性もある。

だから私は、自分のためにオーディションを受ける。自分でどこまで納得できるオーディションができるかを目的にする。結局は人生全て自分との戦いだと思っている。

ちょうど、NYに住み始めて五、六年経った頃、知人と食事をした後ワシントン・スクウェアを歩いていた時、後ろから来た若者たちに脇に抱えていたバッグを、抜き取られた。その若者は走りながら他の二人の仲間に、次々と私のバッグを投げて、あっという間に目の前からいなくなった。バッグの中身は数百ドルの現金と、アパートの鍵や免許証、クレジットカードだった。アパートの鍵を急いで作り直し、免許証の再発行などは何とかなったのだが、初めての事でやはりショックだった。NYは雑多な人種のるつぼで非常にエネルギーがあると同時に他人に対して優しくはない。短期間旅行で訪れる時には刺激的で楽しい街だが、長く住んでいると、スーパー・マーケットへ買い物に行っても、生活に疲れている店員は「What do you want?（何が欲しい？）」とか、喧嘩腰での対応である。そういうネガティヴなエネルギーに囲まれていて、少々ゲンナリしていたので、この事件が精神的にもこたえた。

アメリカ人の友人たちに相談して、川を隔てたニュージャージー州のハドソン川沿いのクリフサイド・パークという街に小さな家を借りて引っ越した。安い中古の車を買って、マンハッタンへ十五分のバス・ストップまで車で行き、ミッドタウンのオーディションやレッスンには、三、四十分で行けた。マーケットのレジでも、「How're you doing?（元気？）」と挨拶がくる人間らしい応対に接し、ホッと一息つけた。近くに大きな日本のスーパーもできて生活を楽めるようになり、ニュージャージー州での暮らしはそれから、ジョシュと結婚するまで続いた。

ミュージカル『SAYONARA』

ミュージカル『SAYONARA』は、ジェイムス・ミッチナーの同名小説が基で、戦後すぐの宝塚のスター生徒と米空軍のパイロットの恋物語。ハリウッドでマーロン・ブランド主演で映画化され大ヒットした。映画では「宝塚」の名前は「松林」に変更されていた。

その作品がミュージカル化され、ニュージャージーの有名なペーパーミル・プレイハウスで初演。その公演では宝塚の娘役のフミコ役をオーディションで獲得。クリフサイド・パークの自宅から、同じ公演に出演しているグッテンバーグに住む中国人系の女優さんをピックアップして二人で毎日片道一時間弱のペーパーミル・プレイハウスへ通った。

その後、テキサスのシアター・アンダー・ザ・スターズという劇場が新しい演出と配役で『SAYONARA』を制作。この時からは、映画でアカデミー賞助演女優賞を取っ

ペーパーミル・プレイハウスでのミュージカル『SAYONARA』、フミコ役

ミュージカル『SAYONARA』、カツミ役

たミヨシ梅木の演じたカツミを演じた。

新聞でも素晴らしい批評をいただき、共演していた俳優からも「これがブロードウェイに行ったら、Ａｋｏはこの役でトニー賞を取れるよ」と褒めていただけて嬉しかった。


米国内ツアーもあり、シアトルをはじめ全米で公演し好評を得たが、その頃始まった『ミス・サイゴン』も米兵とアジア女性の恋物語で類似していたため、ブロードウェイでの公演の話は途中で消えた。

日本で公演するお話もあったのだが、スポンサーは「宝塚」の名前が使える事が条件だそうで、私が宝塚歌劇団へ問い合わせたところ、やはり在団中の恋愛物語は「清く、正しく、美しく」のモットーに反するので、日本で公演する場合は宝塚の名前は使わないでほしいというお返事で、こちらも実現しなかった。

ニューヨークへ来て舞台で初めて着物の衣装を着たのがこの作品。戦後すぐのお話のため、劇場へ通う宝塚の生徒や街の人々の服装は着物で、着物での宝塚のショーの場面もあって早変わりも多かった。衣装デザイナーの方とは早くから打ち合わせをしたが、ペーパーミル・プレイハウスの衣装製作のスーパー・ヴァイザーの方は着物の知識がほとんど無く、カルチャー・アドヴァイザーに指名された私が説明しても理解してもらえず、「Who cares! Audiences are Americans, no one knows right or wrong!（そんな事誰も気にしないよ！　観客はアメリカ人なのだから、どうでも良いよ！）」と

パン・エイジャン・レパートリー・シアター『八月十五夜の茶屋』のロータス・ブロッサム役（コーキー・リー写真）

キレられた。

米国は労働組合の取り決めで、与えられた職種以外の事に手を出すこと（例えば衣装の手直しをしたり）は禁じられている。それで私は、そのスーパー・ヴァイザーに誰にも言わないから、自分の衣装だけ持ち帰って早変わり用に変更させてもらう了解を得て、家で早変わり仕様に作り直した。これがその後の、ミュージカル『MIKADO, Inc.』、アリーナ・ステージの『M. Butterfly』、パン・エイジャン・レパートリー・シアターの『八月十五夜の茶屋』と続き、衣装さんと結託して内緒で家に衣装を持って帰り改造したのである（笑）。

ジョシュとの出会い

お母様が日本人の脚本家ベリーナ・ハス・ヒューストンさんとはご縁が深い。

彼女の『TEA』という戯曲はアメリカ兵と結婚し米国に移り住んだベリーナさんの母親やその友人のいわゆる戦争花嫁たちをモデルに書かれた戯曲で、一九八七年にオフ・ブロードウェイのマンハッタン・シアター・クラブで初演され好評を博し、その後も米国中の劇場で公演された。私は、シアトルのACT、ピッツバーグのパブリック・シアター、NYのパン・エイジャン・レパートリー・シアターの公演にあつこ役で出演した。

同じくベリーナの『心（True Heart)』はサンフランシスコで実際にあった事件だ。

サンフランシスコでレストランを経営する日本人男性と結婚するために日本から来た内気な女性が、娘が五歳になった頃に夫の浮気を知り、日本に帰ろうと思うが手立てがなく思い余って娘を連れて入水自殺を図るが自分だけが助かってしまい、娘の殺人罪に問われるという物語だ。

私はそのヒロインを演じたのだが、日系ハーフの隣人役を演じるはずだった女優さんが稽古の途中で他の条件の良い仕事が入り抜けたために、急遽再オーディションをしてシンディー・フジカワさんがキャストに加わった。すぐに仲良くなり、彼女の友人だった今の主人（ジョシュ）が公演を観に来た時に終演後に挨拶した。それから六ヶ月後、そのシンディーが関係していたニューヨーク・シアター・ワークショップの公演『QUILL』のプレヴューに招待してくれた。長年の友人のルミちゃんと水曜日に行く事にしたら、同じく声をかけられたジョシュも偶然水曜日を選び、招待席なので客席後方の並びの席になった。

ジョシュは『心（True Heart)』で主演していた私を覚えていて、「You were so wonderful in that play!（君はあの芝居で本当に素晴らしかった！）」と褒めてくれた。ルミちゃんはその日ご主人が旅行中で、女二人で終演後飲みに行く予定だったが、ジョシュは一人で来ていたので誘って三人で近くのレストランへ行った。それが付き合うきっかけになった。

彼の名前はジョシュア・ダックス、劇場内部の専門の設計家で生粋のニューヨークっ子。三年後の一九九九年に結婚。二人とも晩婚だったので子供はいないが、驚くほどに同じ価値観を共有していて、特に音楽は、何故この曲知ってるの？と驚かれたことが度々ある。これは宝塚で世界中の先端のいろいろなジャンルの曲を歌ったり踊ったりした事と、一歳下の弟の音楽好きが影響した。彼はウクレレから始まってギターが得意で、立教の小学校から大学まで音楽部に所属して、お小遣いでジャズやポップスのレコードを買って家でいつも聴いていたので、私も自然に聴いていた。弟はアルバイトで始めたギターの弾き語りで大学の授業料もほとんど自分で払った人である。その後、自分でジャズ・クラブを始め、今も六本木のロア・ビルの裏で「Club t」というジャズ・クラブを経営している。

話を戻そう。ジョシュとはコロナ禍の間は二人で毎日家でずっと一緒だったけれども、仲良くとても楽しく過ごす事ができた。有り難い事に私のいちばんの理解者である。

ジョシュは小さい頃からバイオリンを習い、ニューヨークで有名なラ・ガーディア・アート・アンド・ミュージック高校にバイオリン専攻で入学。ただ、手が小さくて苦労したそうで、大学ではコーネル大学の設計部門に方向を転換した。

在学中に夏季アルバイトで働いた今のFisher Dachs Associatesの前身の劇場設計事務所で、有名な照明家のジュールス・フィッシャー氏に認められ、卒業後この事務所で働き始めた。今はそのスタジオのプレジデントである。リンカーン・センターのデイヴィッド・ガッフェン・ホール、アリス・タリー・ホール、ワシントンのアリーナ・ステージ、セント・ペテルスブルグのマリンスキー・シアター、等を手がけ、現在は有名なセントラル・パークにあるニューヨーク・パブリック・シアターのデラコルテ

ヴィレッジのレストランでの結婚式

セント・ペテルスブルグのマリンスキー・シアターの劇場開き

屋外劇場の改装に取り掛かっている。

日本食が大好きで、納豆が好き（これは有り難いです）。リタイアしたら、京都でしばらく暮らしたいと言っている。歌舞伎、文楽も大好きで、日本へ行くと彼は目をルンルンと輝かせて観に行くのだ。近年はケーブルテレビのストリーミングで観られるＮＨＫのＴＶでお相撲にハマっている。前世は多分日本人だったのじゃないかな（笑）。

ジョシュと付き合い出して数年経った頃、ハリウッド映画の『ヒマラヤ杉に降る雪』でフジコという工藤夕貴さん演じるヒロインの母親役に選ばれ、これが一つのブレイクになった。デイヴィッド・グターソンの同題小説の映画化、スコット・ヒックス監督。戦時中の日系アメリカ人が受けた不当な収容所や財産の損失など、様々

ブリティッシュ・コロンビアの日本人強制収容所

な事実を知り、人種問題があったことを学び胸が痛んだ。

カナダのブリティッシュ・コロンビアの山中で一ヶ月、ヴァンクーヴァーのスタジオで一ヶ月、その後シアトルとカリフォルニアで二ヶ月の撮影だった。

ブリティッシュ・コロンビアのロケ地近くには、第二次世界大戦時のカナダの日本人強制収容所がそのまま保存されていた。カリフォルニア州のマンザナーなどの大きなバラック棟ではなく、簡単な木造の家が十棟ほどあり、それぞれに何家族かが一緒に暮らしていたようだが、寒いカナダの山奥での粗末な隙間風だらけの木造の家での生活はどんなに過酷なものだったか想像を絶する。

カリフォルニア州マンザナーの強制収容所は全て取り壊されていて、慰霊塔のみが残っていた。すぐ側の記念館に当時の写真などが公開されている。

日本から移住して一生懸命働いて手に入れた店舗や土地家屋を、収容所に移される数日間で二束三文で買い叩かれ、収監された日本人たちの実情。

私は日本にいる時は、第二次世界大戦の勃発後に米国やカナダで起こった日系人に対する強制収容については全く知らなかった。

オレゴン・シェイクスピア・フェスティヴァルの『蜘蛛巣城』

黒澤明監督がシェイクスピアのマクベスを基に制作した映画『蜘蛛巣城』を、クリエイターのピング・チョング氏が舞台化・演出し、オレゴン・シェイクスピア・フェスティヴァルで公演。

私は、映画では山田五十鈴さんが演じた浅茅役を演じた。お歯黒《はぐろ》を付けて演じたので、お歯黒というものを知らないアメリカ人はびっくり、「Spooky（気味悪い）」と言われたが、演出家のピングは大丈夫と言って続行した。

オーディションではこの浅茅役だけではなくシェイクスピアのモノローグも要求された。シェイクスピアの勉強をしてきた成果があった。

大好評を得てニューヨークのＢＡＭ（Brooklyn Academy of Music）でも公演した。これがきっかけとなり、足掛け三年間オレゴン・シェイクスピア・フェスティヴァルに在籍し、『ジュリアス・シーザー』と『恋の骨折り損』で念願のシェイクスピアを英語で演じる事もできたのである。

『ジュリアス・シーザー』はアマンダ・レナートの演出で、私はSoothsayer（預言者）／Artemidorusと Caius Ligariusを演じた。アマンダはSoothsayer（預言者）／Artemidorusを一つの役に作り変え、シーザーの夢に出てきて暗殺の前兆を伝えるシーンでは、台詞を日本語で言ってくれと言われた。日本語現代語訳のいくつかを試したがしっくりとしない。それで、明治時代の坪内逍遥の訳を使ったら、見事にその場面にフィットしたのである。西海岸に住んでいる日本人の学者の方が偶然観にいらして、素晴らしい選択だと褒めて下さった。

『ジュリアス・シーザー』の預言者役

オレゴン・シェイクスピア・フェスティヴァルの『蜘蛛巣城』の浅茅役

オレゴン・シェイクスピア・フェスティヴァルはオレゴン州のアシュランドという街にあり、当時既に七十五年の歴史ある劇団だった。大きな額縁型バウマー劇場、中くらいのニュー・プレイス（ブラック・ボックス）、と大きな野外劇場の三つの劇場があり、シーズン中はこの三劇場がフル回転して最低でも六つのプロダクションが順番に幕を開け同時進行する。三十人ほどの俳優が常駐のカンパニー・メンバーで、アシュランド市近辺に住んでいて、他の地域から来ている俳優たちはオレゴン・シェイクスピア・フェスティヴァルが借りているアパートに年間最低六ヶ月住んで出演する。出演者全員が他の演目の代役をおのおの勤めるシステムができていて、常時、代役の稽古も行われる。

街中がそのシーズンに出演している俳優たちを知っている、いわば宝塚の街のよう。何かあると次の日にはカンパニー全員に知れ渡ってしまうので、普段の行動もあまり破天荒な事はしないように気をつけなければならなかった（笑）。

オレゴン・シェイクスピア・フェスティヴァル二年目の公演中に、私は当時NYの自宅にいた母を亡くした。私は日本にいる時「俳優の仕事をしている以上は親の死に目に会えない」と言われ覚悟していたので、オレゴン・シェイクスピアに出演を持続すると伝えたら、「日本ではそうかもしれないが、アメリカでは家族は仕事よりも大切で、代役もいるからニューヨークへ帰りなさい」と説得され、休みをとってNYへ戻った。

　ここで晩年の父母の話を少し。母は私がＮＹへ来てすぐに六十歳を過ぎてから英語の勉強を始め、その後何度か私を訪ねてきて、そこからあちこち一人で旅行に行ったりして心配はなかった。父は退職後、母と一緒に一九八〇年代後半にＮＹへ来てしばらく私と一緒に住んだ。若い頃から修練し、日本の警察学校で教えていた剣道を、マンハッタンの北にあるウェスト・チェスターで週に一度子供たちに教えた。だが父を一人で外出させるのは危なっかしかった。父も英語ができない上に耳も遠くなっていて、私と母の助け無しには何もできない状態が非常に不本意であったようで、しばらくして一人で日本へ帰り、数年して亡くなった。

　母とはそれ以来一緒に暮らし、ジョシュは結婚する時に、母を一人で置くわけにはいかない私の事情を了解し、気持ち良く同居してくれた。ジョシュのお母様にも一緒に住みませんかと誘ったが、若い時から作詞作曲をしている去年百歳になった義母は自由気ままに一人で暮らしたいと言った。脚が悪く家事ができないので、介護の人が同居して今もジョシュが育った家に住んでいる。

日本へ帰った父には少し寂しい思いをさせたが、弟が週末には会いに行ってくれていた。母は優しいジョシュのお陰で私たちと同居できて、良い晩年を過ごしたと思う。

改めてジョシュに感謝！

『タマー・オヴ・ザ・リヴァー』とマリサとの出会い

オレゴン・シェイクスピア・フェスティヴァルで、『メディア・マクベス・シンデレラ』いう三つの芝居とミュージカルが同時進行するという、芸術監督ビル・ラウチの作・演出の面白い作品があった。私はシンデレラの王妃の代役稽古を何回かしたのだが、その時の音楽監督がマット・オーメントだった。

三年間のオレゴン・シェイクスピア・フェスティヴァルの仕事を終えNYへ戻ってしばらくした時、マットから『タマー・オヴ・ザ・リヴァー』というミュージカルの音楽監督をするのだが、主役のタマーのお母さん役のオーディションに来ないかとの連絡があった。

プロスペクト・シアターのミュージカル『タマー・オヴ・ザ・リヴァー』
RICHARD TERMINE 写真提供

ちょうどその公演期間にオレゴン・シェイクスピア・フェスティヴァルで仲良くなった俳優のエミリーとマークのアシュランドでの結婚式にジョシュと参列する予定だったので多分無理だと思ったのだが、マットが送ってくれた作曲家マリサ・マイケルソンのデモ・テープを聞いてその曲のあまりの美しさに打ちのめされた。そしてオーディションに受かり、エミリーとマークには結婚式欠席の謝りのメールを入れて、稽古に入った。

制作は、オフ・ブロードウェイのプロスペクト・シアターで、公演は東24丁目のBaruch Performing Arts Center。『タマー・オヴ・ザ・リヴァー』は旧約聖書の同名のお話を基にジョシュア・コーヘンが作詞、ダニエル・ゴールドスタイン演出、チェイス・ブロックの振り付けで、いわゆるブロードウェイ・ミュージカルとは少し毛色の違う、オーガニックで芸術的な作品になった。

この作曲家マリサ・マイケルソンは自分もクラシック系のシンガーで、ハンガリーの有名なLajos Szamosiのメソッドを学び、NYでSzamosiのメソッドを教える他の二人の教師と一緒にリベロ・カントというグループを作っている。『タマー・オヴ・ザ・リヴァー』稽古中にマリサがフリーで個人レッスンをしてくれた。これがまたもや目からウロコだったのである。

マリサ・マイケルソンと

私は子供の時から人前で歌を歌ってきて、音楽学校時代はコンクールに入賞もして、宝塚時代も歌唱賞を何度かいただき、声には自信があった。それが、NYへ来てから一年ほど経った頃から、まずは空気が乾燥している事、慣れない英語で思いを伝えようとしたため喉に力を入れて喋っていた事、それとストレスで、声帯にポリープができ、声が出なくなった。怖かったし、お金もなかったので、手術はしなかった。いろいろな歌の先生につきながら会話の声は回復したが、歌う声は思うようには治らなかった。それがマリサの教えるSzamosiのメソッドは、声帯の開放に焦点をあて、歌った後の声帯の休め方（warm down）も重要だと教えられた。私は公演終了後もマリサのレッスンを続け、声は見事に回復したのである。

演技の発声は、初めにジョシュの友人の英国俳優パトリックとアマンダ・ゴッドフリーの娘である、ケイト・ゴッドフリーの訓練を受けた。彼女はロンドンのナショナル・シアターやロイヤル・シェイクスピア・カンパニーでヴォイスを教えており、私はロンドンに旅行する度、レッスンを受けた。

NYでは、幸運にもクリスティン・リンクレイター、パッツィ・ローデンバーグ、キャスリン・フィッツモーリスの三人の大御所のメソッドを直接学べた。アプローチする方法は少しずつ違っても、喉の開放と言葉を如何に自分のものにできるかが目的であるセオリーは共通している。この言葉を自分のものにするというのが非常に大切で、母音や子音だけで台詞を練習したり、その言葉が身体のどの部分で感じるのかを探索したり、言っている台詞の中で強調したい言葉は何なのか？　それは名詞か動詞か？　台詞をなんとなく言ったり、ただ感情に任せるのではなく理論的に、そして自分なりの答えを出してから感情を乗せて芝居をする。こうした訓練を経た俳優たちは、映像のクローズ・アップの声を張らない親密な場面でも、何を本当に言おうとしているのかが明確に伝えられるのだ。

発声、発音、起承転結の選択など、チョイスや方法は無限にある。これは他の表現方法にも当てはまるが、正解、不正解ではなく、様々なテクニックやメソッドを学んだ後に自分が選択すれば良い。

余談だが、今の日本語を聞くと、動詞や名詞よりも助詞のテニヲハなどが強調されすぎて、何が大切なのかが伝わってきにくい事が多い。テレビのアナウンサーやレポーターでもそんな喋り方をする人が増えてきたように思う。残念だなー。

ルシル・ローテル演劇部門主演女優賞にノミネートされる

八年程前偶然、日系ハーフで脚本家のリア・ナナコ・ウィンクラーとあるアジア系演劇人のワークショップで出会った。そしてリアが脚本を書いた、『ケンタッキー』のオーディションへ招待され、オフ・ブロードウェイのアンサンブル・ステューディオ・シアター制作の公演に出演が決まった。これはリアの家族を基に書かれた作品で、私はリアのお母様がモデルのまさこ役で出演。

その後、次作の『ゴッド・セッド・ディス』は、ケンタッキー州の優秀作品を沢山送り出しているアクターズ・シアター・ルイ・ヴィルで初演の後、プライマリー・シアター制作でヴィレッジのミネッタ・レーン・シアターで公演。この『ゴッド・セッド・ディス』は、リアちゃんのお母様が悪性の子宮癌にかかり、一時は命が危ない状態だったその時の家族の状況を基に書いた秀作だ。実際はお母様は回復されて今では元気にピアノを教えておられるが、私の演じたまさこは亡くなってしまう。

舞台では、放射線治療で髪の毛が無くなり、膀胱付近の筋肉が弱って、お手洗いに

アンサンブル・スタジオ・シアターの『ケンタッキー』

行く前に失禁したり等、癌患者の状態が赤裸々に描かれていて、舞台で演じていても観客がまさこの切ない、やりきれない気持ちを受け止めているのがひしひしと伝わってきた。

アジア人の女優は、まず演じる役が圧倒的に少ない。その本当に少ない役を私は日

プライマリー・シアターの『ゴッド・セッド・ディス』

ルシル・ローテル演劇部門主演女優賞ノミネーション賞状

ルシル・ローテル賞授賞式

リアちゃん、お母様の亮子さんと

本語訛りの英語で、完璧な英語を話すアメリカ生まれのアジア人女優と、今までずっとオーディションで競わなければならなかった。それが、リア・ナナコ・ウィンクラーという脚本家との偶然の出逢いがあり、リアの書いた脚本で、夢にも思わなかった、由緒あるルシル・ローテル二〇一九年度演劇部門主演女優賞の、しかもアジア人女優で初めてのノミネーションになったのである。本当に思いがけない光栄で、「嬉しい」などという言葉を遥かに超える喜びだった。リアちゃん、素晴らしい脚本を書いて下さって本当に有り難うございました。

日米両語の劇団 Amaterasu Za の設立

ニューヨークを拠点に俳優として様々な映像や舞台の仕事をしてきたが、まずアジア人女性の出演する脚本が必要で、その上演出家、プロデューサー、キャスティングのチョイスで配役されるのを待たなくてはならない。米国では日本人はマイノリティー中のマイノリティーで役も少ない。永遠には続かない残りの人生を他人次第のプロセスだけに任せるのが今一つ歯痒く、また、制作したい演目や演じたい役柄も沢山あったので、思い切って二〇一八年に日米バイリンガルの劇団 Amaterasu Za を設立した。

なぜアマテラスの名前にしたのかというと、私は小さい時から太陽が大好きで、宝塚での芸名も夏海陽子だった。全ての命の根源の太陽神である天照大神にあやかりたいと思ってAmaterasu Zaとした。

Amaterasu Zaは正式に米国の非営利団体の認可を得て、日本や世界の古典を、日本語と英語でそれぞれの字幕を付けて公演する。ニューヨークに住んでいる日本人の方も、日本の文化が好きなニューヨーカーも、一緒に喜んでいただける作品をお届けしたい。

そして、私が日本とニューヨークで得た経験や素晴らしい先生方から学んだ事を、若い俳優さんたちに少しでも伝えたいという身勝手な思いで、Zoomで、日本語の脚本の読み合わせを通して発音と発声を学ぶクラスと、イン・パーソンでの日本舞踊の稽古をそれぞれ週一回続けている。

最初の公演として、近松門左衛門の『冥土の飛脚』を基にした『Courier of Love（恋飛脚）』。英語台本を作り、日本から義太夫三味線の鶴澤津賀花さんにニューヨークへ来ていただき、英語の台詞と義太夫三味線のコラボレーションのワークショップを試

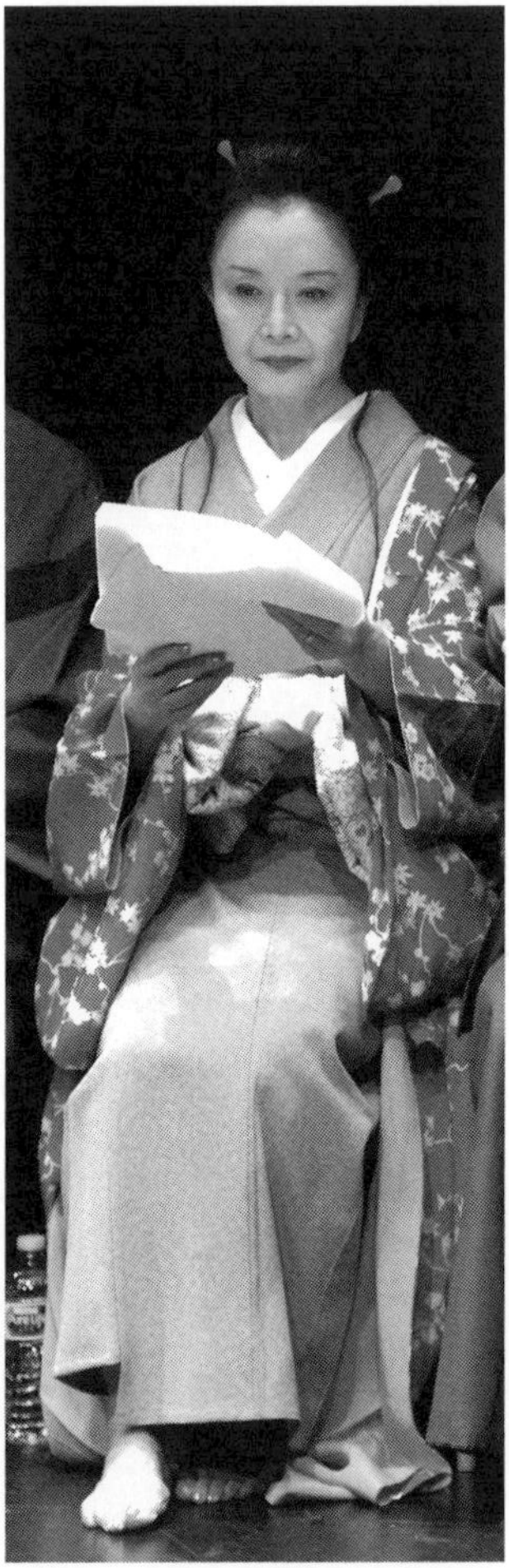
『Courier of Love（恋飛脚）』

した。英語台本も現代語でなく少し古い英語に翻訳した。これが思ったより良い結果が出たのである。英語なので、アジア系のアメリカ人のキャストで六日間の稽古の後、ウェスト五三丁目の劇場で一回だけの公演。満員のお客様に喜んでいただけた。

その秋に「MUSEフェスティヴァル」からの招聘で、クイーンズのシークレット・

シアターで三日間、三島由紀夫の近代能楽集から『班女』と『葵上』を日本語で英語字幕付きの公演をした。大好きな三島由紀夫の美しい日本語で芝居ができた事が、何よりの収穫だった。

コロナで公演ができなくなった時は、Zoom上でのリーディングで『マクベス』と女性版『オイディプス王』を日本語で演じ、英語字幕付きで配信し、皆様から大好評をいただいた。

二〇二一年五月に『CHUSHINGURA - 47 Ronin』ワークショップ、同年秋にコロナ禍ではあったが、本公演を行う予定でいたのだが、私の『SHŌGUN 将軍』シリーズへの出演が決まり、ヴァンクーヴァーで秋から撮影に入るとの事で、劇場や出演者や関係者の皆様に陳謝して、一年延期を決定した。

そして二〇二二年の十月十八日から十一月十三日まで、オフ・ブロードウェイ『CHUSHINGURA - 47 Ronin』ニューヨーク西53丁目のART NY Mezzanine Theatreで公演した。芝居の場面は英語字幕を付けて日本語で、私が演じた「りく」のナレーション部分は英語にした。企画、脚本、演出、衣装、出演といくつもの帽子をかぶり、また主人の助けを借りて申請をしたいくつかの団体からの助成金もいただく事ができ、何とか赤字もそれなりに公演ができた（笑）。

日本から太陽かつらの奥山光瑛さんが初日が開くまでニューヨークに滞在して、俳優たちに羽二重の締め方からご指導をいただいた。そして、書家の小野崎啓太さんが素晴らしい題字を書いて下さった。

大変だったのが衣装で、侍が城内で着る裃《かみしも》や小袖・袴は日本の通販で購入できたのだが、浅野内匠頭の白の裃、浅野内匠頭と吉良上野介が松の廊下で着る大紋・長袴が手に入らなかった。日本の衣装会社の数社に借用を問い合わせたのだが、コロナ禍での事もあり断られてしまった。

公演の半年前に『SHOGUN 将軍』の撮影でヴァンクーヴァーに滞在していた時、日本からいらしていた俳優の篠井英介さんに、白の袴と大紋が借りられなかったお話

近代能楽集『葵上』

『CHUSHINGURA - 47 Ronin』

をしたら、「じゃあ、自分で作れば？」との助言で、私は腹を括った。

女性の裾引きの着付け、浪士討ち入りの名入り火事羽織、鉢金付き鉢巻、立ち回り用の刀が挿せるしっかりした黒い帯、烏帽子、獅子頭、なども全部作った。頼りにしていた日本人のヴォランティアの学生さんたちが舞台稽古前に突如辞めてしまったりして困惑したが、出演者の女性陣が見かねて衣装作りを手伝ってくれた。有り難かった！　感謝！

昼は稽古で夜は衣装作りがプレヴュー中も続き、大紋の紋を最終的に入れられたのは初日が開いて一週間ほどしてからだった（汗）。

『CHUSHINGURA - 47 Ronin』は、今から三百年以上前の超封建的な時代に政府の理不尽なパワハラに屈せずに立ち上がった人たちを描いた、日本の皆様はよくご存じのお話。もし今日本で忠臣蔵を演るとすれば、松の廊下や赤穂城内は背広で、討ち入りは黒のジーンズでいけるかもしれないが、日本の歴史をほとんど知らないニューヨークの観客には、時代背景や上下関係などはヴィジュアルで見せないと理解し難いと思うし、ジーンズに羽織だけ着てこれが日本の文化ですとは私は言いたくなかったので意地を張り通した。現在ニューヨークに来ている俳優さんたちは、映像の仕事やミュージカル出演を目標に渡米した人がほとんどで、舞台の時代劇の訓練を受けた方が非常に少ない。そのため、時代劇の公演の配役には苦労した。

ニューヨークでは初めての現地発の時代劇だったと思うが、権威あるニューヨーク・タイムズ紙でも取り上げていただき、観て下さった日米のお客様に本当に喜んでいただけた。

Amaterasu Zaにはヴォランティアとしてニューヨークやブルックリンの日本語学校で、常時ではないが子供たちに演劇を通して日本語を教えるアウト・リーチ・プログラムがある。劇団の女優の森永明日夏さんが、演劇授業指導員の免許を持ち、ニューヨークの日本語を学ぶ児童達のカリキュラムを組んでくれる。責任もあるし緊張するのだが、子供たちが大きな声で日本語で詩を読んで楽しんでいる様子から、かえって元気をもらっている。『CHUSHINGURA - 47 Ronin』にも子供達を招待して、間近で珍しい時代劇や殺陣を観て楽しんで貰った。

Amaterasu Zaもお陰様で今年五周年を迎えることが出来た。今年は長年温めてきた企画である、出雲の阿国の生涯を描いた、『OKUNI』を42丁目のシアター・ロウで公演する。

そしてコロナ、されどコロナ

ちょうどコロナが蔓延し始めた二〇二〇年二月、私は、Ma-Yi制作、ハルナ・リー作、アヤ・オガワ演出のオフ・ブロードウェイ公演『Suicide Forest』の公演中だったが、コロナの影響で十日間前倒しでクローズさせられた。

私は、昔から長時間のフライトの後、腰が痛くなることがよくあり、ひどい時は到着した場所で、鍼灸の治療所を探したりして凌いできたのだが、二〇二〇年の夏、オフ・ブロードウェイMCC Theatre制作のチェホフの『三人姉妹』を原型にした『Moscow, Moscow, Moscow, Moscow, Moscow, Moscow』に乳母のアンフィサ役で出演中、中腰でずっと芝居をしたためか痛みが出たので公演終了後に検査を受けた。結果はSlipped

Disk（ヘルニア）。背骨の下部の三つの骨の間にあるディスク二枚が前に突き出してしまい、神経を圧迫するために痛みと痺れが起こったのだ。すぐ後にAmaterasu Zaの公演の三島由紀夫の近代能楽集から『班女』と『葵上』の稽古と公演が控えていたので、医師の勧めでコーティゾンの痛み止めの注射治療と、フィジカル・セラピーを受けながら無事に公演を終えた。

そして約三ヶ月後、痛みが戻ってきたのでMa-Yi制作のオフ・ブロードウェイの『Suicide Forest』の稽古が始まる前に二回目のコーティゾンの注射治療を受けたが、痛みはおさまらず医師に問い合わせた結果、半年の間に三回目のコーティゾンの注射は避けるべきとのことで、手術を勧められた。大手術で心配だったのでいろいろな方に相談した結果、所属している俳優エージェントの勧めでＨＳＳ（Hospital for a Special Surgery）のファーマー医師に公演終了後に手術をお願いすることにした。

『Suicide Forest』の演出家のアヤ・オガワさんと脚本家のハルナ・リーさんが稽古開

始前に心配して家へ来て下さり、降板の可能性を聞かれたが、私の辞書には周りの方に迷惑をかける直前での降板はあり得ないので、続投する意思をお伝えした。

ヘルニアを体験した方にはおわかりになると思うが、夜は痛みで眠れないし、この『Suicide Forest』はいくつかの役の一つであるギャルの役でダンスを踊る必要があった。

それで、痛み専門の医師ペイン・マネージメント・ドクターに相談して、薬用マリファナ（大麻）が処方された。マリファナの幻覚や中毒になる部分は削除してあり、痛み止めとして使用する。お陰様で睡眠中の痛みはずいぶんと緩和されたが、痛みで歩けないので杖をつきながら舞台裏まで行き、舞台上ではアドレナリンも働き何とか継続できた。

コロナのため、『Suicide Forest』の公演が千秋楽一週間前に中止され、予定した手術日を待っていたら、ＨＳＳ病院からコロナ患者にベッドを使用させるため、命に関

『Suicide Forest』MaYi Theatre

わる手術以外は延期するとの知らせが来た。三ヶ月後にやっとベッドの見通しが立って手術をした。

手術は七時間の大手術でお腹側から背骨下位の二つのディスクを入れ替え、背中から固定金具を装着した。痛みが出た夏の公演中からフィジカル・セラピーで周りの筋肉を鍛えていたので、ストロング・イン－ストロング・アウトといって、手術後の回復はすこぶる順調だった。

　立って食事の支度ができない私に代わりジョシュが料理を引き受けてくれた。結婚前はほとんど外食で済ませていた彼が台所に立ち、少しずつレパートリーを増やして結構楽しんでいるようだ。私が回復した今でも週の半分以上は美味しい料理を作ってくれている。

　四年たった今は前屈と後屈は多少きついが、フロア・バーのクラスや、スロー・インパクトのピュア・バーのクラスも受けられるまで回復した。幼い頃から身体を鍛えてきたお陰で、怪我をしても回復が早い。私と弟は剣道の有段者だった父が私たちに竹刀を持たせて、素振りの稽古をさせた。小さい時から武芸をはじめ、身体を使う訓練をした人は自然に体幹ができる。この体幹が全ての芸道、スポーツに通じる。小さなお子様が何か身体を使うことに興味を示したら、なるべく早い時期に良い先生を探して訓練をさせてあげられると良いですね。

5章

俳優Akoを築いているもの

瞑想と能

瞑想は、十数年前に主人が仕事のストレスで眠れなくなった時、当時ご一緒に仕事をしていた、建築家のビング・トムさんから勧められ、私も一緒にトランセンデンタル・メディテーション（超越瞑想）を始めた。マハリシ・ヨギが始め、ビートルズも実践していた瞑想法である。私たちはニューヨークにある映画監督のデーヴィッド・リンチのインスティテュートで習った。二十分の瞑想を一日二回する。もちろん、仕事が差し迫っている時や、感情的に平常でいられない時などは、目を瞑るとすぐにその事柄が頭に浮かんでくる。それを「Not now!（もうしばらく待っていて！）」と自分に言い聞かせて、瞑想に戻る。どんなに長く瞑想の経験があっても、他の考えが入ってくるのは避けられないけれど、経験を積んでくると、この「Not now!（もうしばらく待っていて！）」が楽に言えるようになる。

瞑想は演劇のリラクゼーションとも連動していて、私は瞑想を始める前から、舞台へ出る前に同じような集中方法を実践してきた。瞑想は、例えて言えば、ごちゃ混ぜになっている本棚が瞑想をすると本が自分で整理整頓をして、順序立てて並び替わってくれるようなものだそうだ。ストレスや重荷に感じている事柄を、瞑想の二十分間、深呼吸しながら神羅万象に委ねる、身体から一時的にでも良いから解放する習慣が出来ると、答えが自然に返って来る。

私は瞑想で、頭や感情を支配している日々のストレスを客観的に見る習慣ができたので、普段の生活の合間にも、稽古をしている時にも、自分の存在を客観的に見られるようになったと感じる。

昔から能の舞台は拝見していたが、単調のように感じられ特別好きでもなかった。ところが、ニューヨークで演技の勉強をして何年か経って日本へ帰った時、久しぶりに能を観たら、面をつけていてほとんど動きのない舞台上の能楽師さんの心や感情の動きが見えたのである。嬉しかったし面白かった！

それから興味が出てきて、機会があったらお稽古したいと思いながらも、まず目先の事に時間を取られてご縁がなかった。パンデミック中に思い立ち探したら、Zoomでお稽古をつけて下さる日本の先生がいらして、稽古を始めた。

その後、巡り巡ってニューヨークで謡と仕舞のお稽古をして下さる観世流の先生に出会い、稽古を始めて三年目になる。まだまだ初心者だが、今までの私は外に向かって歌い、踊り、演じる事が多かったので、究極のミニマリズムで内面と向き合うと同時に宇宙のエネルギーとも共鳴している能の世界が、難度が高いと同時に発見も多々あり、楽しく充実した稽古時間を過ごしている。

お能に関する本もいろいろ読み始めた。安田登さんの『能　650年続いた仕掛けとは』（新潮新書、二〇一七）、観世寿夫さんの『観世寿夫　世阿弥を読む』（荻原達子編、平凡社ライブラリー、二〇〇一）は何度も読み返している。また、奥山景布子さんの『秀吉の能楽師』（中公文庫、二〇一八）も興味深く拝読した。

ドラマシリーズ『SHOGUN 将軍』への出演

一九八〇年代前半に『将軍 SHŌGUN』というミニ・シリーズが大ヒットした。ジェームス・クレイベルのヒット小説が原作で、役名は史実とは異なるが、豊臣秀吉（実際は秀頼の頃）が天下を治めていた頃に、オランダの船が九州に漂着した。その船の航海士だったイギリス人のウィリアム・アダムズが、大老筆頭の徳川家康に大阪で謁見、家康は当時日本で勢力を持っていたスペインやポルトガルの宣教師たちの反対をうけるが、ウィリアム・アダムズを江戸へ招き、通訳や船の建造などを命じた。後に三浦按針という名を付け侍の位を与えた。

ミニシリーズのはしりだった『SHOGUN 将軍』の主演は三船敏郎、リチャード・

チェンバレン、島田陽子で、この時は日本で撮影された。噂では本来「まりこ」の役は英語が母国語のジュディ・オングさんが演じる予定だったが、ちょうどその時彼女が歌った『魅せられて』が大ヒットしたため、『SHOGUN 将軍』への出演が叶わなくて、撮影直前に島田陽子さんに決まったそうである。

私は、『CHUSHINGURA - 47 Ronin』のワークショップの稽古前であった二〇二一年春に『SHOGUN 将軍』の一回目のオーディションがあり、長い二シーンのセルフ・テープを送った。その後、五月にあった演出家とのZoomでの三シーンのコールバックはなんと一時間に及び、いろいろな方法で対応力を試された。

そして『CHUSHINGURA - 47 Ronin』のワークショップが終わった二〇二一年六月に、『SHOGUN 将軍』への出演が決定した。役は北政所がモデルの「伊代の方／大蓉院」。

アメリカへ来てからは、映画『大統領のクリスマスツリー』や、TV火曜サスペンス『愛の幻影』のニューヨークのシーンで緒方拳さんと共演した時以来、本当に久しぶりに日本語の台詞。Amaterasu Zaのワーク・アウトで日本語の読みの稽古を続けていたお陰で、この長台詞のオーディションもこなせた。

余談だが、英語と日本語を話す時に使う口の筋肉は違うので、日本語をしばらく話さないと、日本語用の筋肉が衰える。特に時代物は重い言葉が多いので、常日頃の滑舌練習が不可欠である。

主演の真田広之さんがプロデューサーも兼ねていらして、現場ではご自分の出番のない時は、プロデューサーとしてヘッドセットをつけて、立ち位置や、カメラ・アングルを伝えて下さり、私たち出演者は本当に有り難かった。また、内外のセットがここは日本かと思うほど素晴らしく、見事な作品になった。

この『SHOGUN 将軍』に幸運にも出演させていただけて本当に感謝している。

二〇二四年二月末から米国はFX/Huluで、日本ではDisney+で放送されている。放送開始前にニューヨークと日本での試写プレミアに参加した。全世界で放映され、お陰様で大好評をいただいている。

無駄なことは何も無い、何でも経験

勿論、山あり谷ありは沢山あったが、曲がりなりにもここまで人間として、また俳優として生きてこられた事は本当に恵まれた、有り難い事だと感謝している。何よりも、素晴らしい先生たちに恵まれてきた。

ただ経済的には余裕はなかった。宝塚歌劇団に入りお給料をいただくようになってからは、特別な出費が必要でない限りは、家からの仕送りはなかった。ベッドを買う代わりにりんごの木箱を九つ合わせてベッドにしていた（これはエビちゃんこと大原ますみさんから教えていただいた）。

退団してからは、俳優としての収入だけでは毎月東京の自宅の家賃の一部を負担できないので、都内のジャズ・クラブの専属歌手やテレビ制作会社の事務もした。宝塚の同期生がママを、一年上級生がセカンド・ママをしていた銀座のクラブで働き、ニューヨーク留学の資金を貯めた。撮影がある時や東京以外で公演の時は休ませていただけたし、東京の劇場出演の時は、夜の部が終わる九時過ぎから店に出る融通を利かせて下さった。宝塚出身の三人で、毎晩のショータイムにいろいろな歌を一緒に歌ったのは楽しい思い出である。良いお客さまが多くて、公演の時、出演者に割り当てられるチケットもお願いして買っていただいた。

そう、ここが米国と日本の違いで、米国では俳優にチケットを売らせたり買い取らせる事はない。今でも日本では俳優が出演する作品のチケットを受け持たせられているようだが、それでは親が裕福でない俳優は芝居を構築する大切な稽古中にチケットを売りに歩かねばならない。制作側が舞台に出演したい若い俳優の気持ちを利用した良くない習慣ではないかな。

永住権をとってからは、前出のピアノ・バーでのアルバイト、日本レストランのウェイトレス、日本語放送のアナウンサー、日本からの観光客のガイド、日本舞踊を教えたりして生活をした。

レッスン代を捻出するため、一杯のコーヒーをコーヒーショップに入って飲むのを我慢する事もあったが、レッスンで学べるのが楽しくそれほど苦にはならなかった。舞台やテレビやコマーシャルの仕事があった時は、出演料は生活に使わずに少しずつだが貯金もできた。宝塚時代から決まったお金で生活するのには慣れていたし、私はいわゆるブランド物には興味もなかったし（買える余裕がなかったからかも（笑））、ニューヨークは特にジーンズとTシャツやパーカーがあれば充分だった。

ただ前もって日時が決まってしまうバイトは、俳優の仕事が入ったからといってキャンセルする事はできないので、自分の身体が特定の場所に居なくてもできる仕事を模索した。

そして見つけたのが、国際電話のコールバック・システムを販売する仕事である。九〇年代は国際通話が結構高くて、私自身、何とか国際電話代を節約したかったので、英語の新聞に出ていた販売エージェント募集に応募してみた。それはコールバック・システムといって、世界中からその国のトール・フリーの番号に電話をして会員番号を入力して一旦切ると、今かけている電話機に返信があり後はかけたい電話番号を入力すれば割引金額で通話ができるのだ。

まずはコンピューターが必要と言われ、使った事はないと言ったら、教えてあげるとの親切な対応だったので決めた。ウィンドウズのラップトップを買い、DOSの入力の仕方から習った。正式に個人会社を設立し、システムから送られてくる利用明細と引き落とし額を月末顧客ごとに印刷して送る仕事をこなした。稽古や公演中でも、電話で留守電に入っている顧客からの問い合わせやトラブルが処理できたし、地方公演の時はプリンターを持参して宿泊先で利用明細を印刷し、郵送した。

この仕事のお陰で、コンピューターが使えるようになったし、ワードやエクセルも覚える事ができた。

さらに、思いもかけない出会いがあった。母には非常に頭も良く、運動も万能選手で「麒麟児」と呼ばれた優秀な兄がいた。祖父の兄弟が京都の曹洞宗禅寺の住職で、その伯父を後継ぎに決めていたのだが、伯父はそれを嫌い、ある夜、祖父母に気付かれないうちに福井県武生市の自宅の二階から逃げ出した。祖父母は大叔父に約束した手前申し訳ないと、伯父を廃嫡し母を種谷家の後継ぎにした。その禅寺は母もよく知っている高弟が後を継ぎ、私たち家族も京都へ行く時はこのお寺に泊めていただいた。私が伯父の姿を初めて見たのは確か祖母の葬儀の時だけ、私もまだ幼なかったので、ほとんど覚えていないが背の高い人だった。

ン十年の歳月が流れ、私がコールバック・システムの仕事を始めてしばらくして、あるお客様から「ニューヨークのXX商事にお勤めの種谷さんはご存知ですか？　珍しいお名前なのでもしかしてご親戚かと思いまして」と聞かれた。「私は存じ上げませんが、もしかしたら従兄弟の可能性があります。母の出身地は福井県武生市で、私は昔宝塚にいたアツ子ですがご存知ですかと伺っていただけますか？」と答えると「その方はお母様のお兄さんの息子さんだそうです」という返事が来た。すぐに連絡先を教えていただき電話を入れた。従兄弟は伯父から私が宝塚にいる事は聞いていたそうである。

ある日、日本で何かの会合があった時に、従兄弟は阪急の小林公平会長から、「種谷さんという人が宝塚にいたのだが、何か繋がりがありますか？」と聞かれたそうだ。私はもちろんすぐに連絡して、ニューヨークに同居していた母と一緒に会いに行った。

従兄弟には娘と息子がいて、それから皆さんとお付き合いを始めた。私が奇しくもこのコールバック・システムの仕事を始めた事で、私は今まで存在すら知らなかった従兄弟に巡り会えたのである。人生は、予想もつかない事が起こるから、面白い！！！

青年は荒野を目指せ！

思い返すに、演技の勉強という意味からだけではなく、価値観の違う環境に身を置き日本を外から見られた事が、幸いだと思う。

私が一九八一年にニューヨークへ来た時は一ドル二五〇円台で、外国に出る人も現在に比べると格段に少なかったが、思いもよらなかった多様な、習慣、宗教、価値観の違いがあり、今までの自分の価値観を変えざるを得なかった。

私は日本から出て初めて、自分がいわゆるマイノリティーに属する事を知った。日本では自分でも気付かずに差別していることが多い。外国人に対してはもちろんのこと、日本人同士でも学歴や性的マイノリティー、身体的また知的弱者に対して無関心でいるという事が、結局は、差別している事と同様なのである。

私たち日本人は米国内ではイエロー（黄色人種）、エイジャン・アメリカンである。無視されたり、頭から馬鹿にされたりする事も少なくない。時々言われるのが「Go back to your country, go back to China!!!（自分の国へ帰れ！　中国へ帰れ！・！・！・）」。これは多くのアメリカ人が東アジア人の見分けがつかず（私もわからないけど）、ほとんどが中国人だと思っている事からくる典型的な差別の言葉である。米国ではNative Americans（アメリカ・インディアン）以外は誰にも「Go back to your country!」と他の人種に言う権利はない。だって他の人種は全員、アメリカ以外から来た移民なのだから。

ニューヨークに来てすぐの頃、馬鹿にされ頭にきた時に、咄嗟に言い返す言葉（今だったらFxxk you!!! と言うだろうが）が出てこなくって、思わず口から出たのが日本語の「馬鹿野郎！」だった。

私は、差別とは恐怖感の裏返しだと思う。相手の肌の色の違い、習慣、宗教、価値観に対する知識が足りない事から生ずる不安を打ち消そうとするリアクションで、相手を見下す事で自分の恐怖心を覆い隠す。もしあなたが、誰かに理由もなく嫌悪感を持ったら、何故その人に嫌悪感を感じるのか自分に聞いてみると、自分のコンプレックスにいき当たるはずである。

日本人は日本の中ではマジョリティー（多数派）で、人種で差別される事はまず無いので、できれば若いうちに一度海外へ出て、自分を、それから日本という国を外から見直す機会を持つのも、その後の人生に結構役に立つと思う。そうして自分の考え方が見えてくると、世界中どこでも生きていける。

英語にMUSTとSHOULDという言葉がある。どちらも、「You must do it.（そうしなければならぬ)」、「You should do it.(そうすべきだ)」という意味だ。これらの言葉は、命の危険にさらされた場合だけに使うべきである。これは「You'd better do it.(そうした方が良いよ)」、「You could do it.(そうする事もできる)」に置き換えてみると、心の重荷がグンと減ること請け合いである。真面目な人ほど自分で自分をがんじがらめにしてしまうから。お試しあれ。

私が昔から好きな言葉は、親鸞聖人の「明日ありと　思う心の仇桜　夜半に嵐の吹かぬものかは」だ。親鸞聖人が九歳で得度をする時、お寺のご住職が「今日はゆっくりとご両親となごりを惜しみ、明日の朝に得度の儀式を行ってはどうか」と勧めたら、親鸞聖人がこの歌を詠まれたとか。何故か小さい時に読んだこの話がずっと心にあって、私も大事な事はすぐに行動に移すようにしている。

最後に、私は家族を始め、周りの沢山の方々とのご縁でここまで生き、生かされてきた。もちろん、いつも幸せ一杯で順風満帆ではなく、辛い経験も、目的を見失った時もあった。しかし自分自身に常に忘れずにいたいと言い聞かせるのは、「健康で進みたい道を歩めることがどんなに恵まれているかを忘れてはいけない。何かの理由で生きたくても生きられない人たちや、様々な障害があって望む道を歩けない方たちが沢山いるのだから」という事だ。毎日を感謝して精一杯生きないとその人たちに申し訳ないと思う。

今もニューヨークの自宅で、日本で複製して持ってきた先祖と両親の位牌に毎朝、お線香、灯明、お水を供えて、健康に過ごせる感謝と家族の無事を祈っている。

後記

つらつらと、心のおもむくままに綴りました。

今まで何度も、努力が報われず「これだけ頑張っているのにどうして?・」と思う事が何度もありました。ただ、私には幼い頃から良い俳優になりたいという目標があり、それがブレなかった事が幸いでした。本文でも書きましたが、思い通りに行かなくて、悔しくてめげそうになりました。でもその苦しさや悔しさが、自分を磨く、基本に戻って自分を見つめ直す原動力になりました。

もしあなたがどう生きたら良いか迷っているなら、本当にあなたが生涯かけてやりたい事は何かをとことん考えてみませんか。まず自分自身と会話をして下さい。周りの意見も大事ですが、究極はあなたの人生です。周りとの協調は大切ですが、他人の目で物事を判断するのをやめませんか？　まずあなたが何を見て、どう感じるかがいちばん大切です。そしてどうにもならなくなったら、海でも、森でも、山でも、自分の好きな自然の中に身を置いて、深呼吸をして身体と心をその自然の中に委ねてみて下さい。自然のリズムを身体全体で感じて下さい。自分にはこれが足りない、あれもできないという引き算をやめましょう。今のあなたは既に一〇〇％完璧な球状の命です、完全な状態です。その完全なあなたに今度は経験や、新しい知識を足し算にしていきましょう。

あなたの中には、小さかった頃のあなたが一緒に住んでいます。その小さい時のあなたは傷つきやすく、寂しがりやです。その小さい頃の自分と会話をしてみませんか？「頑張ってるね」「こんなことあったけど、大丈夫？」「心が痛んでいない？」「これが本当に望んだ事?」「しょうがないって諦めていない?」「疲れていない?」って。そうすると本当のあなたが答えてくれます。「うん、少し頑張り過ぎた」とか「大変だけど、楽しいよ」とか。自分で自分の声を消さないで下さい。方向転換、回り道、大歓迎!目標が確かであれば、そのために回り道をしたっていいじゃないですか? 後で振り返ると、その回り道が知恵や筋肉になって、あなたを助けてくれます。無駄な事は何もないです、全て起こるべくして起こっているのですから。

まだまだ私の俳優修行・人間修行は最終地も定かでなく果てしなく続きます。でも私は結果を重要視するよりも、学びの過程での体験を大切にしたい、楽しんで生きたい。明日この地球に何が起こるか、また、私たちのこの小さな身体が明日どんな反乱を起こすかもしれません。そんな時、その瞬間に「私は精一杯生きてきた!」と言えるように、その瞬間に心から「ありがとう!」と家族や友人に感謝できるように生きていきたいです。

一歩一歩、歩き続けたら、どこかで同じように歩いているあなたにお会いできるかもしれませんね。お読み下さった皆様に心から感謝いたします。感想などお寄せいただければ幸いです。

「成功と幸福とを、不成功と不幸とを同一視するようになって以来、人間は真のしあわせが何であるかを理解し得なくなった。」『人生論ノート』三木清

――亡き母、顕子に捧げる。――

Ako
宝塚音楽学校在籍中に毎日音楽コンクール声楽部門4位入賞。宝塚音楽学校主席卒業。社長賞、優等賞受賞。宝塚歌劇団月組に所属し芸名は夏海陽子、在団中に新人賞、歌唱賞、演技賞、努力賞など受賞。宝塚歌劇団退団後は女優として活動、初代藤間紫門下となり師範名執「藤間公紫」をいただく。NHK軽音楽コンクールに入賞。日本でTV・舞台に多数出演後、ニューヨークに渡る。永住権を取得後、米国で俳優として活躍。

2019年にはPrimary Stagesの「GOD SAID THIS」のまさこ役でルシル・ローテル主演女優賞にアジア人では初めてノミネートされる。

2018年に日米両語の非営利劇団Amaterasu Zaを立ち上げ芸術監督として現在に至る。

2024年公開の米国FX/Disney+配信のシリーズ「将軍 SHOGUN」に伊代の方／大蓉院役で出演。

It's me, Ako!
NYで劇団《げきだん》を設立《せつりつ》した元《もと》タカラジェンヌの話《はなし》

2024年10月30日　第1刷発行

著　者　　Ako
発行人　　久保田貴幸

発行元　　株式会社 幻冬舎メディアコンサルティング
〒151-0051　東京都渋谷区千駄ヶ谷4-9-7
電話　03-5411-6440（編集）

発売元　　株式会社 幻冬舎
〒151-0051　東京都渋谷区千駄ヶ谷4-9-7
電話　03-5411-6222（営業）

印刷・製本　中央精版印刷株式会社
装　丁　　江草英貴

検印廃止

ISBN 978-4-344-69110-0 C0095
幻冬舎メディアコンサルティングＨＰ
https://www.gentosha-mc.com/